汽车电脑板
维修 从入门到精通

李彦 编著

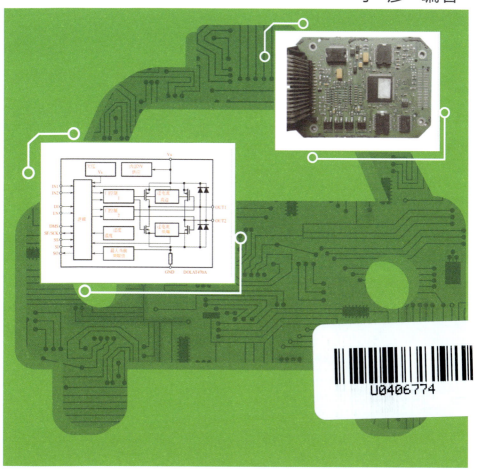

化学工业出版社
·北京·

内容简介

本书内容分为上中下三篇。上篇介绍汽车电脑板的 7 种分离元器件：电阻、二极管、电容、三极管、场效应管、电感和晶振。重点介绍这些元器件的作用、原理、电路符号、测量方法及其在汽车电脑板上的应用等相关知识和技能。中篇介绍汽车电脑板的 9 种集成芯片：电源芯片、驱动芯片、A/D 转换器、CAN 芯片、放大器、码片、存储器、锁存器和 CPU。重点介绍这些芯片的定义、类型、符号、型号、特点、工作原理等，并结合典型案例进行分析和讲解。下篇为典型汽车电脑板维修实战与相关案例，包括德尔福、博世、传祺、哈弗、飞度、速腾、奥迪、科鲁兹等不同年款典型车型的电脑板维修。

全书内容系统实用、图文并茂、通俗易懂，适合汽车维修技术人员阅读，也可供汽车维修初学者自学使用以及作为职业院校、培训学校汽车相关专业的培训教材，对汽车维修感兴趣的私家车主和汽车驾驶员也可参阅。

图书在版编目（CIP）数据

汽车电脑板维修从入门到精通 / 李彦编著. —北京：化学工业出版社，2021.12（2022.8 重印）
ISBN 978-7-122-39956-4

Ⅰ.①汽⋯ Ⅱ.①李⋯ Ⅲ.①汽车-发动机-车辆修理 Ⅳ.①U472.43

中国版本图书馆 CIP 数据核字（2021）第 192556 号

责任编辑：黄　滢　黎秀芬　张燕文　　　　文字编辑：袁　宁
责任校对：张雨彤　　　　　　　　　　　　装帧设计：王晓宇

出版发行：化学工业出版社（北京市东城区青年湖南街 13 号　邮政编码 100011）
印　　装：北京宝隆世纪印刷有限公司
710mm×1000mm　1/16　印张 17　字数 230 千字　2022 年 8 月北京第 1 版第 3 次印刷

购书咨询：010-64518888　　　　　　　　　　售后服务：010-64518899
网　　址：http://www.cip.com.cn

凡购买本书，如有缺损质量问题，本社销售中心负责调换。

定　价：99.00 元　　　　　　　　　　　　　　　　　版权所有　违者必究

前言 PREFACE

汽车电脑板相当于汽车的大脑,由一系列功能强大的电子控制模块组成,电脑板上集中了汽车上各种复杂的电子元器件,它们在汽车上负责按照预定程序对各种传感器的输入信号进行处理,然后输出信号给各类执行器,从而控制汽车上运行的各种电子设备。

然而,据笔者长期从事汽车维修培训和教学的经验来看,绝大多数的汽车维修入门人员,一方面,由于对汽车电脑板的基本原理、构造等理论知识还缺乏深入的理解,对汽车电脑板维修的要领和技巧也缺乏系统的掌握,不能很好地驾驭,给维修工作带来困难;另一方面,汽车电脑板出故障时,检测和确定故障范围等的难度都很大,属于相对复杂的汽车维修项目,一般维修人员也不容易掌握相关维修技术。因此,他们还需要有相关的理论书籍作指导,进一步提升理论知识和加强维修实践操作技能。为了帮助这类人员快速适应汽车维修工作岗位的需求,在化学工业出版社的组织下,我们编写了本书。

本书内容分为上中下三篇。上篇介绍汽车电脑板的7种分离元器件:电阻、二极管、电容、三极管、场效应管、电感和晶振。重点介绍这些元器件的作用、原理、电路符号、测量方法及其在汽车电脑板上的应用等相关知识和技能。中篇介绍汽车电脑板的9种集成芯片:电源芯片、驱动芯片、A/D转换器、CAN芯片、放大器、码片、存储器、锁存器和CPU。重点介绍这些芯片的定义、类型、符号、型号、特点、工作原理等,并结合典型案例进行分析和讲解。下篇为典型汽车电脑板维修实战与相关案例，包括德尔福、博世、传祺、哈弗、飞度、速腾、奥迪、科鲁兹等不同年款典型车型的电脑板维修。

本书为全彩色印刷，编写过程中努力做到图片精美丰富、内容浅显易懂，力求既适合初中级汽车维修工、汽车电工使用，也可作为汽车类职业技术院校师生教学和自学的参考书及相关企业的培训用书。

本书由重庆机电职业技术大学李彦编著而成，书中所涉及的案例均来源于笔者在多年来进行汽车维修培训、教学过程中所遇到的一线车间真实维修案例，能够做到数据准确可靠。

限于笔者水平，书中疏漏之处在所难免，恳请广大读者批评指正。

编著者

目录

上篇　汽车电脑板 7 种分离元器件

第一章　电阻

第一节　电阻在汽车电子电路中的作用与原理　/ 003

第二节　汽车贴片电阻　/ 003

第三节　确定汽车电脑板电阻值的 6 种常用方法　/ 004

　　方法 1：三位标注法　/ 004

　　方法 2：四位标注法　/ 005

　　方法 3：终端电阻法　/ 007

　　方法 4：反馈电阻法　/ 007

　　方法 5：排阻法　/ 009

　　方法 6：保护电阻法　/ 009

第二章　二极管

第一节　二极管的作用　/ 011

第二节　二极管在汽车电脑板中的 4 种常见用法　/ 011

用法 1：普通二极管　/ 011

用法 2：瞬太抑制二极管　/ 011

用法 3：续流二极管　/ 013

用法 4：发光二极管　/ 014

第三章
电　容

第一节　电容的定义、符号和单位　/ 016

第二节　电容的 4 种作用　/ 017

　　作用 1：旁路电容　/ 017

　　作用 2：耦合电容　/ 017

　　作用 3：滤波电容　/ 018

　　作用 4：储能电容　/ 018

第三节　电容在汽车电脑板中的 4 种常见用法　/ 019

　　用法 1：有极性的电解电容　/ 019

　　用法 2：有极性的贴片电容　/ 020

　　用法 3：无极性的贴片电容　/ 020

　　用法 4：耦合电容　/ 022

第四章
三极管

第一节　认识三极管　/ 024

第二节　三极管的电源接法　/ 025

目录

第三节　三极管的电流分配关系　/ 026

第四节　三极管的放大作用　/ 027

第五节　三极管的 3 种状态　/ 028

　　状态 1：截止状态　/ 028

　　状态 2：放大状态　/ 028

　　状态 3：饱合导通状态　/ 029

第六节　三极管在汽车电脑板上的应用　/ 029

第五章
场效应管

第一节　认识汽车电脑板上的场效应管　/ 033

第二节　场效应管的种类及其电路符号　/ 034

第三节　场效应管的工作原理　/ 036

第四节　场效应管在汽车电脑板上的应用　/ 038

第六章
电　感

第一节　认识汽车电脑板电感　/ 041

第二节　电感的分类与结构　/ 043

第三节　电感与滤波电容的区别　/ 046

第四节　电感的工作原理　/ 046

第五节　电感在开关电源中的应用　/ 048

第六节　共模电感　/ 048

第七节　电感在汽车电脑板上的应用　/ 049

第七章 晶 振

第一节　认识汽车晶振　/ 053
第二节　晶振的分类　/ 055
第三节　晶振的 3 种特殊测量方法　/ 055
　　方法 1：用万用表电压挡测量　/ 055
　　方法 2：用万用表电阻挡测量　/ 056
　　方法 3：用示波器测量　/ 056

中篇　汽车电脑板 9 种集成芯片

第八章 电源芯片

第一节　电源芯片 7805　/ 059
第二节　电源芯片 TLE4275　/ 060
第三节　电源芯片 L05173　/ 064
第四节　电源芯片 A2C33648　/ 065
第五节　电源芯片 TLE4471G　/ 066
第六节　电源芯片 40077　/ 068

第九章 驱动芯片

第一节　驱动芯片 L05172　/ 071

目录

第二节　驱动芯片 30651　 / 073

第三节　驱动芯片 ATIC39-B4　 / 075

第四节　驱动芯片 30605　 / 077

第五节　驱动芯片 30586　 / 078

第六节　驱动芯片 40092　 / 079

第十章　A/D 转换器

第一节　A/D 转换器的定义　 / 081

第二节　A/D 转换器系统原理图　 / 081

第三节　A/D 转换器在汽车芯片中的应用　 / 081

第十一章　CAN 芯片

第一节　CAN 芯片常见型号　 / 083

第二节　LIN 收发芯片 TJA1020　 / 083

第三节　通信芯片 TJA1055　 / 085

第四节　通信芯片 625033　 / 088

第十二章　放大器

第一节　放大器的定义、符号及特点　 / 092

第二节　放大器的工作原理　/ 093

第三节　放大器 LM2904D　/ 096

第十三章
码　片

第一节　24 系列码片　/ 099

第二节　93 系列码片　/ 100

第三节　95 系列码片　/ 102

第四节　35 系列码片　/ 103

第十四章
存储器

第一节　存储器 29F800　/ 107

第二节　存储器 M58BW016DT　/ 110

第十五章
锁存器

第一节　汽车锁存器的作用和类型　/ 118

第二节　锁存器 74HCT573D　/ 118

第三节　锁存器 NEC B58944　/ 122

目录

第十六章 CPU

第一节　汽车 CPU 的定义和类型　/ 124
第二节　英飞凌 CPU（SAK-TC1767-256F80HL）　/ 125
第三节　飞思卡尔 CPU（9S12XET256MAL）　/ 131

下篇　典型汽车电脑板维修实战与案例

第十七章 德尔福 MT22.1 发动机电脑板

第一节　端子图、电脑板内部标注与端子定义　/ 138
第二节　芯片的作用　/ 141
　　芯片 1：电源芯片 TLE44716　/ 141
　　芯片 2：喷油芯片 2N06L65　/ 143
　　芯片 3：点火驱动芯片 DD32BZ　/ 144
　　芯片 4：怠速驱动芯片 L9958XP　/ 145
第三节　CAN 通信与 K 线通信　/ 147
第四节　双 N 沟道场管 Q4946A　/ 149
第五节　传感器控制电路　/ 150
　　电路 1：曲轴位置传感器信号电路　/ 150
　　电路 2：进气凸轮轴位置传感器信号电路　/ 151
　　电路 3：水温传感器信号电路　/ 151
　　电路 4：进气压力传感器信号电路　/ 152

电路 5：节气门位置传感器信号电路　/ 152

电路 6：前氧传感器信号电路　/ 152

电路 7：后氧传感器信号电路　/ 153

电路 8：爆震传感器信号电路　/ 153

第十八章
德尔福 MT80 发动机电脑板

第一节　端子图、电脑板内部标注与端子定义　/ 157

第二节　芯片的作用　/ 162

芯片 1：电源芯片 20845-004　/ 162

芯片 2：点火驱动芯片 FD007CR　/ 163

芯片 3：喷油驱动芯片 2N06L35　/ 164

芯片 4：怠速控制芯片 28086451　/ 165

第三节　传感器控制电路　/ 166

电路 1：主继电器控制电路　/ 166

电路 2：前氧传感器加热控制电路　/ 167

电路 3：油泵继电器控制电路　/ 168

电路 4：曲轴位置传感器信号控制电路　/ 169

电路 5：爆震传感器控制电路　/ 169

电路 6：节气门位置传感器控制电路　/ 169

电路 7：进气压力传感器控制电路　/ 170

电路 8：凸轮轴位置传感器控制电路　/ 170

电路 9：前氧传感器高位信号控制电路　/ 171

第四节　数据刷写流程　/ 171

目录

第十九章　博世 M7（小乌龟）发动机电脑板

第一节　端子图、电脑板内部标注与端子定义　/177

第二节　芯片的作用　/180

　　芯片1：电源芯片 L05173　/180

　　芯片2：喷油驱动芯片 L05172　/181

　　芯片3：驱动芯片 L9651　/181

　　芯片4：驱动芯片 L9826　/183

　　芯片5：码片 95080　/185

第三节　点火驱动管与氧传感器驱动管　/187

第四节　传感器控制电路　/188

　　电路1：常电源供电电路　/188

　　电路2：受控制火线供电电路　/189

　　电路3：主继电器供电电路　/189

　　电路4：诊断 K 线通信电路　/190

　　电路5：CAN 总线通信电路　/190

　　电路6：曲轴信号电路　/191

　　电路7：凸轮轴输入信号电路　/191

　　电路8：进气压力输入信号电路　/192

　　电路9：节气门输入信号电路　/192

　　电路10：空调输入信号电路　/192

　　电路11：冷却液输入信号电路　/193

第二十章　博世 ME7 发动机电脑板

第一节　端子图、电脑板内部标注与端子定义　/196

第二节　芯片的作用　/ 198

　　芯片 1：电源芯片 L05173　/ 198
　　芯片 2：喷油驱动芯片 6A930　/ 200
　　芯片 3：怠速控制芯片 L9929　/ 201
　　芯片 4：点火驱动芯片　/ 203
　　芯片 5：氧传感器加热控制芯片　/ 204
　　芯片 6：芯片 HC08 和 HC132　/ 205
　　芯片 7：驱动芯片 L9826　/ 207
　　芯片 8：放大器 LM2904D　/ 208
　　芯片 9：CPU（ST10F275）　/ 209

第三节　传感器控制电路　/ 217

　　电路 1：进气温度控制电路　/ 217
　　电路 2：进气压力控制电路　/ 218
　　电路 3：冷却液温度传感器控制电路　/ 218
　　电路 4：节气门位置传感器控制电路　/ 219
　　电路 5：加速踏板位置传感器控制电路　/ 219

第二十一章
博世 ME17 发动机电脑板

第一节　端子图、电脑板内部标注与端子定义　/ 222

第二节　芯片的作用　/ 225

　　芯片 1：电源芯片　/ 225
　　芯片 2：喷油驱动芯片 40211/48089　/ 227
　　芯片 3：点火驱动芯片　/ 228
　　芯片 4：节气门电机驱动芯片 0D060　/ 229

目录

第三节　传感器控制电路　/ 230

　　电路 1：冷却液温度控制电路　/ 230

　　电路 2：进气温度控制电路　/ 231

　　电路 3：进气压力控制电路　/ 231

　　电路 4：凸轮轴信号控制电路　/ 231

　　电路 5：节气门信号控制电路　/ 232

　　电路 6：氧传感器控制电路　/ 232

附录一
汽车电脑板常见易损芯片

附表一　汽车电脑板常见易损电源芯片　/ 234

附表二　汽车电脑板常见易损喷油驱动芯片　/ 235

附表三　汽车电脑板常见易损怠速驱动芯片　/ 237

附表四　汽车电脑板常见易损点火驱动芯片　/ 237

附表五　汽车电脑板常见易损转速芯片　/ 239

附表六　汽车电脑板常见易损存储器　/ 240

附表七　汽车电脑板常见其他易损芯片　/ 240

附录二
汽车电脑板仪表数据手工算法

一、2018 年标致 408 仪表数据手工算法　/ 244

二、2016 年别克凯越仪表数据手工算法　/ 245

三、五菱荣光仪表数据手工算法　/ 246

四、五菱之光仪表数据手工算法　/ 247

五、2011 年乐风仪表数据手工算法 / 248

六、长安欧诺仪表数据手工算法 / 249

七、众泰 M300 仪表数据手工算法 / 250

八、长安 24C02 仪表数据手工算法 / 251

附录三
汽车电脑板防盗数据剖析

一、德尔福防盗数据剖析 / 253

二、交通 40 防盗数据剖析 / 254

三、交通 46 芯片防盗数据剖析 / 255

四、联创 46 防盗芯片数据剖析 / 256

上篇 汽车电脑板 7 种分离元器件

第一章

电　阻

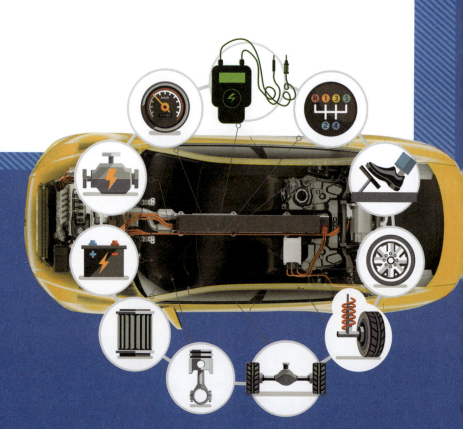

第一节　电阻在汽车电子电路中的作用与原理

电阻的英文名称为 resistance，通常缩写为 R，它是导体的一种基本性质，与导体的尺寸、材料、温度有关。

欧姆定律指出电压、电流和电阻三者之间的关系为 $I=U/R$，亦即 $R=U/I$。

电阻的基本单位是欧姆，用希腊字母"Ω"来表示。

电阻的主要物理特征是变电能为热能，也可说它是一个耗能元件，电流经过它就产生内能。

电阻在电路中通常起分压、分流的作用。对信号来说，交流与直流信号都可以通过电阻。

第二节　汽车贴片电阻

在汽车电子电路中目前主要用到贴片电阻，这里重点介绍一下汽车贴片电阻的识别方法，如图 1-1 所示。

图 1-1

❶ 目前电路中电阻通常为黑色或蓝色。

❷ 电阻一般标有数字，当然从图 1-1 中我们也能看到没有标数字的电阻。

❸ 利用万用表来判断，这种没有标注数字的阻值都比较大。

第三节 确定汽车电脑板电阻值的 6 种常用方法

方法 1 三位标注法

如图 1-2 所示，这四个电阻都标有 330，这种我们称三位标注法。那么阻值为多少呢？如何读数呢？很简单！前两位为有效数字，后一位为零的个数。即：先把 33 记下，有零个零，那么就是 33Ω。

图 1-2

图 1-3 中的 512 为三位标注法，前面 51 为有效数字，后面 2 为零的个数，即阻值为 5100Ω，也就是 5.1kΩ 的电阻。

图 1-3

方法 2 四位标注法

除了有三位标注法，还有四位标注法，如图 1-4 中的 2001，前三位为有效数字，后一位 1 为 0 的个数，即阻值为 2000Ω，也就是 2kΩ 的电阻。

图 1-5 中电阻标有 1472，即前三位为有效数字 147，第四位为 0 的个数，在这里有两个 0，即 14700，也就是说电阻值为 14.7kΩ。相信三位和四位电阻读数读者肯定学会了。

图 1-4

图 1-5

方法 3　终端电阻法

图 1-6 中有两个 61R9,这种是什么呢？这也是电阻,它在电脑板中比较特殊,我们把这种电阻叫终端电阻。那又该如何读数？首先你要知道里面的 R 代表小数点,知道这个就会读数了。61R9 = 61.9,也就是说这个电阻阻值就是 61.9Ω。

图 1-6

方法 4　反馈电阻法

在电脑板中我们能见到这种家伙,如图 1-7 所示,它是什么呢？它也是电阻,在德尔福电脑板中最常见到,这叫反馈电阻,阻值小于 1Ω。

图 1-7

如图 1-8 所示,这种绿色的贴片我们在柴油电脑板和缸内直喷电脑板中最常见,那这又是什么呢?它也是电阻,我们叫它反馈电阻。

图 1-8

方法 5 排阻法

在电脑板中,我们也会看到如图 1-9 所示的这么几个电阻排在一列,在电路中称这种叫排阻。

图 1-9

方法 6 保护电阻法

如图 1-10 中标有 0 的电阻,该电阻阻值为 0,在电路中起保护作用。

图 1-10

第二章

二极管

第一节　二极管的作用

二极管是最常用的电子元件之一，它最大的特性就是单向导电，也就是电流只可以从二极管的一个方向流过。整流电路、检波电路、稳压电路、各种调制电路，主要都是由二极管来构成。

晶体二极管为一个由 P 型半导体和 N 型半导体形成的 PN 结，在其界面处两侧形成空间电荷层，并有自建电场。当不存在外加电压时，由于 PN 结两边载流子浓度差引起的扩散电流和自建电场引起的漂移电流相等而处于电平衡状态。

第二节　二极管在汽车电脑板中的 4 种常见用法

用法 1　普通二极管

普通二极管在电路中起单向导电作用，电流只能由正极端流向负极端，反向被截止。图 2-1 中三个黑色的即为二极管，有一侧标有一横杠则该端为负极端，另一侧为正极端。正负极一定要能区分开，往往在维修中二极管容易损坏，损坏就会难以区分正负极，所以最好记住方向。

用法 2　瞬太抑制二极管

瞬太抑制二极管在电路中起保护作用，防止电压过高而烧坏后级电路，通常加高电压或电瓶接反容易损坏该二极管。如何区分瞬太抑制二极管呢？通常在电脑板中有一个正极搭铁，该类管即为瞬太抑制二极管，一般加在电源入口的地方。图 2-2 为瞬太抑制二极管。

图 2-1

图 2-2

图 2-3 中 N1 为普通二极管，N2 为瞬太抑制二极管。

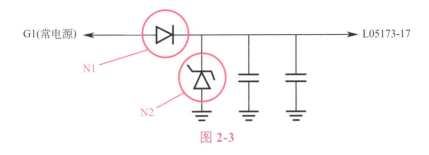

图 2-3

用法 3 续流二极管

续流二极管都是并联在线圈的两端,线圈在通过电流时,会在其两端产生感应电动势。当电流消失时,其感应电动势会对电路中的元件产生反向电压。当反向电压高于元件的反向击穿电压时,会使元件如三极管、晶闸管等损坏。续流二极管并联在线圈两端,当流过线圈中的电流消失时,线圈产生的感应电动势通过二极管和线圈构成的回路做功而消耗掉,从而保护了电路中的其他元件。

续流二极管通常在电脑板驱动芯片附近,比如保护喷油器或者一些电磁阀。图 2-4 中 6 个二极管均为续流二极管,它们还有一个特点——共用正极。续流二极管在电脑板中一般不易损坏。

图 2-4

用法 4 发光二极管

目前发光二极管在仪表或一些按键上常采用,发光二极管可以发出同一颜色的光。一个发光二极管电流一般为20～60mA,有的工作电流可以超过100mA。一般被点亮电压等级为白色发光二极管电压范围3.0～3.4V。红色发光二极管的压降为2.0～2.2V。黄色发光二极管的压降为1.8～2.0V。绿色发光二极管的压降为3.0～3.2V。蓝色发光二极管的压降为3.0～3.4V。在汽车上因电源是12V或者24V,如果将该电压加在二极管两端,二极管肯定会损坏,因此一般通过串联分压的方式来降低二极管的电流。图2-5为仪表中的发光二极管。

图 2-5

第三章

电　容

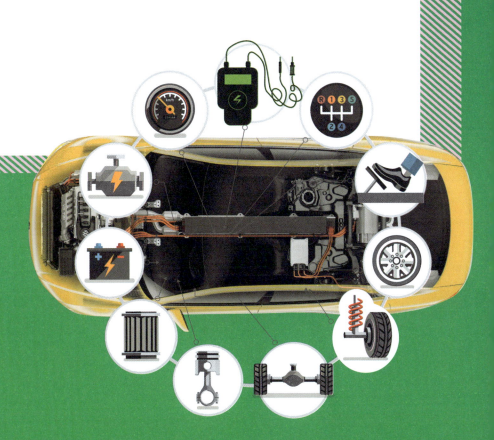

第一节 电容的定义、符号和单位

1.电容的定义

电容是在两块金属电极之间夹一层绝缘电介质构成的。当在两金属电极间加上电压时,电极上就会存储电荷,所以电容器是储能元件。任何两个彼此绝缘又相距很近的导体,组成一个电容器。平行板电容器由电容器的极板和电介质组成。

2.电容的符号

电容用符号"C"表示,在汽车电脑板中常用到电解电容、贴片有极性电容和贴片无极性电容。图3-1为电容常用符号。

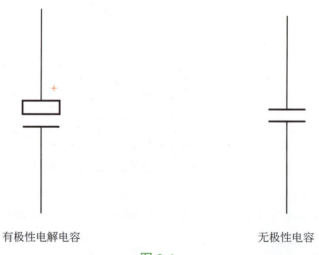

有极性电解电容　　　　　　　　无极性电容

图 3-1

3.电容的单位

在国际单位制里,电容的单位是法拉,简称法,符号是F。由于法拉这个单位太大,所以常用的电容单位有毫法(mF)、微法(μF)、纳法(nF)和皮法(pF)等,换算关系是:

1 法拉（F）= 1000 毫法（mF）=1000000 微法（μF）
1 微法（μF）= 1000 纳法（nF）= 1000000 皮法（pF）

第二节　电容的 4 种作用

作用 1　旁路电容

旁路电容是为电脑板器件提供能量的储能器件，它能使稳压器的输出均匀化，降低负载需求。就像小型可充电电池一样，旁路电容能够被充电，并向器件进行放电。为尽量减少阻抗，旁路电容要尽量靠近负载器件的供电电源引脚和地引脚。这能够很好地防止输入值过大而导致的地电位抬高和噪声。地电位是地连接处在通过大电流毛刺时的电压降。

作用 2　耦合电容

去耦，又称解耦。从电路来说，总是可以分为驱动的源和被驱动的负载。如果负载电容比较大，驱动电路要把电容充电、放电，才能完成信号的跳变。在上升沿比较陡峭的时候，电流比较大，这样驱动的电流就会吸收很大的电源电流，由于电路中的电感（特别是芯片引脚上的电感，会产生反弹）、电阻，这种电流相对于正常情况来说实际上就是一种噪声，会影响前级的正常工作，这就是所谓的"耦合"。

去耦电容就是起到一个"电池"的作用，满足驱动电路电流的变化，避免相互间的耦合干扰。

将旁路电容和去耦电容结合起来将更容易理解。旁路电容实际也是去耦的，只是旁路电容一般是指高频旁路，也就是给高频的开关噪声提供一条低阻抗泄防途径。高频旁路电容一般比较小,根据谐振频率一般取 0.1μF、0.01μF 等;而去耦电容的容量一般较大,可能是 10μF 或者更大,依据电路中分布参数以及驱动电流的变化大小来确定。旁路是把输入信号中的干扰作为滤除对象,而去耦是把输出信号的干扰作为滤除对象,防止干扰信号返回电源。这应该是它们的本质区别。

滤波电容

从理论上(即假设电容为纯电容)说,电容越大,阻抗越小,通过的频率也越高。但实际上超过 1μF 的电容大多为电解电容,有很大的电感成分,所以频率高后反而阻抗会增大。有时会看到一个电容量较大的电解电容并联了一个小电容,这时大电容通低频,小电容通高频。电容的作用就是通高阻低,通高频阻低频。电容越大低频越容易通过。具体用在滤波中,大电容(1000μF)滤低频,小电容(20pF)滤高频。曾有人形象地将滤波电容比作"水塘"。由于电容的两端电压不会突变,由此可知,信号频率越高则衰减越大,可以很形象地说电容像个水塘,不会因几滴水的加入或蒸发而引起水量的变化。它把电压的变动转化为电流的变化,频率越高,峰值电流就越大,从而缓冲了电压。滤波就是充电、放电的过程。

储能电容

储能型电容器通过整流器收集电荷,并将存储的能量通过变换器引线传送至电源的输出端。电压额定值为 40 ~ 450V DC、电容值在 220 ~ 150000μF 之间的铝电解电容器(如 EPCOS 公司的 B43504 或 B43505)是较为常用的。根据不同的电源要求,器件会采用串联、并联或其组合的形式。对于功率级超过 10kW 的电源,通常采用体积较大的罐形螺旋端子电容器。

第三节　电容在汽车电脑板中的 4 种常见用法

用法 1 有极性的电解电容

图 3-2 中电容为有极性的电解电容，黑色小半圆对应的引脚为负极，灰色大半圆对应的引脚为正极。该电解电容一般在电脑板中加在常电源入口的地方，起滤波、稳定电压的作用。我们也常常通过它来找电源芯片。

图 3-2

图 3-3 中这个电解电容上还标有 35V，代表该电容的耐压值为 35V，通过的最大电压为 35V，若超过该值将引起电容损坏。

汽车电脑板维修从入门到精通

图 3-3

用法 2　有极性的贴片电容

图 3-4 中 4 个黄色的为有极性电容，其中有一横杠的一端为正极，另一端为负极。该电容一般也是加在电源芯片附近。我们可以通过电容测量出不同的电压等级，有些为 5V、3.3V、2.6V 等。该电容不能短路，否则电脑主板会出故障。

用法 3　无极性的贴片电容

如图 3-5 所示，这种无极性电容一般呈棕色，加在 CPU 周围和引脚的出入口，主要起到滤波的作用。

图 3-4

图 3-5

用法 4 耦合电容

该类电容有一个特点,即两端与地都不会导通。

第四章

三极管

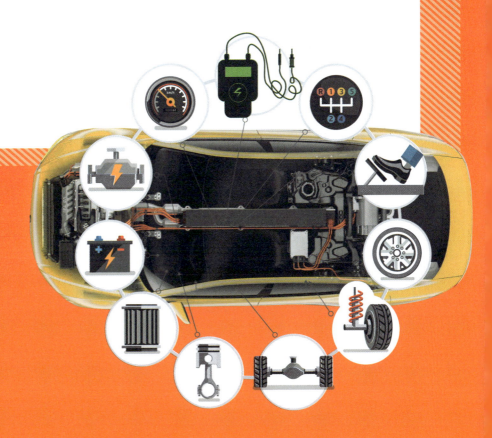

第一节 认识三极管

三极管，全称应为半导体三极管，也称双极型晶体管、晶体三极管，是一种控制电流的半导体器件。其作用是把微弱信号放大成幅度值较大的电信号，也用作无触点开关。

三极管是在一块半导体基片上制作两个相距很近的PN结，两个PN结把整块半导体分成三部分，中间部分是基区，两侧部分是发射区和集电区，排列方式有PNP和NPN两种。如图4-1所示。

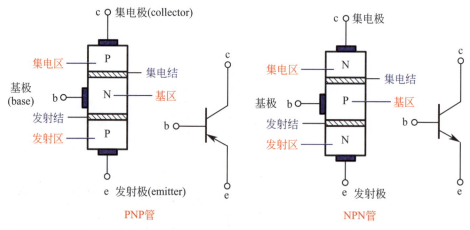

图 4-1

三极管是由两个PN结组成的。我们把基极和发射极之间的PN结称作发射结，基极和集电极之间的PN结称作集电结。如图4-2所示。

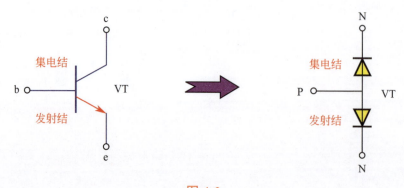

图 4-2

它的文字符号为 VT，在电路图中的符号如图 4-3 所示。

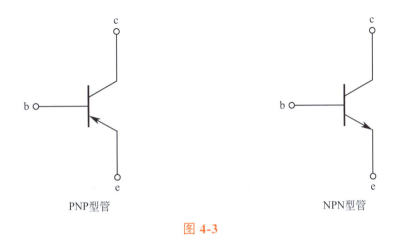

图 4-3

第二节　三极管的电源接法

1.电源极性不同

如图 4-4 所示。

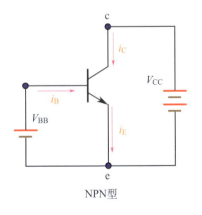

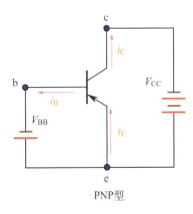

图 4-4

2.电流方向不同

NPN 型电流从集电极流向发射极，PNP 型电流从发射极流向集电极。

第三节 三极管的电流分配关系

三极管的电流分配关系如图 4-5 所示。

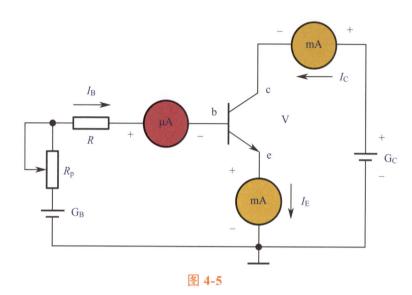

图 4-5

说明

调节电位器,测得发射极电流、基极电流和集电极电流的对应数据如表 4-1 所示。

表 4-1

I_B/mA	-0.001	0	0.01	0.02	0.03	0.04	0.05
I_C/mA	0.001	0.01	0.56	1.14	1.74	2.33	2.91
I_E/mA	0	0.01	0.57	1.16	1.77	2.37	2.96

三极管中电流分配关系如下:

$$I_E = I_C + I_B$$

因 I_B 很小,则

$$I_C \approx I_E$$

第四节 三极管的放大作用

三极管的基本作用是放大电信号。三极管工作在放大状态的外部条件是：发射结加正向电压，集电结加反向电压。如图 4-6 所示。

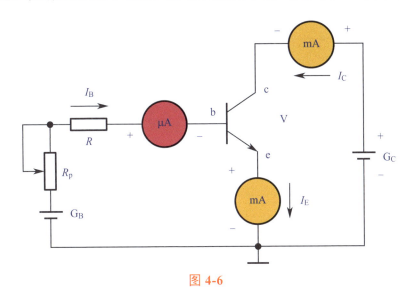

图 4-6

> **说明**
>
> 调节电位器，测得发射极电流、基极电流和集电极电流的对应数据如表 4-2 和图 4-7 所示。
>
> 表 4-2
>
> | I_B/mA | −0.001 | 0 | 0.01 | 0.02 | 0.03 | 0.04 | 0.05 |
> |---|---|---|---|---|---|---|---|
> | I_C/mA | 0.001 | 0.01 | 0.56 | 1.14 | 1.74 | 2.33 | 2.91 |
> | I_E/mA | 0 | 0.01 | 0.57 | 1.16 | 1.77 | 2.37 | 2.96 |
>
> 由表得出
>
> $$\frac{\Delta I_C}{\Delta I_B} = \frac{0.58\text{mA}}{0.01\text{mA}} = 58$$

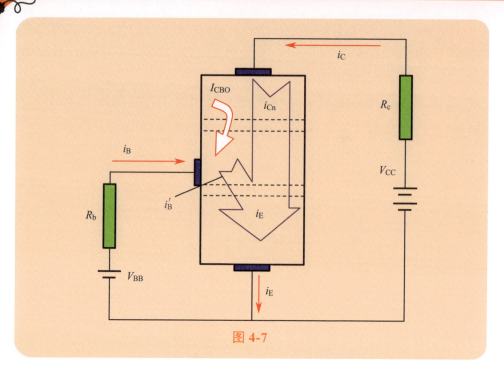

图 4-7

第五节 三极管的 3 种状态

状态 1 截止状态

当加在三极管发射结的电压小于 PN 结的导通电压时,基极电流为零,集电极电流和发射极电流都为零,三极管这时失去了电流放大作用,集电极和发射极之间相当于开关的断开状态,我们称三极管处于截止状态。

状态 2 放大状态

当加在三极管发射结的电压大于 PN 结的导通电压,并处于某一恰当的值时,三极管的发射结正向偏置,集电结反向偏置,这时基极电流对集电极电流起着控制作用,使三极管具有电流放大作用,其电流放大倍数 $\beta=\Delta I_C/\Delta I_B$,这时三极管处于放大状态。

状态 3 饱和导通状态

当加在三极管发射结的电压大于 PN 结的导通电压,并当基极电流增大到一定程度时,集电极电流不再随着基极电流的增大而增大,而是处于某一定值附近不怎么变化,这时三极管失去电流放大作用,集电极与发射极之间的电压很小,集电极和发射极之间相当于开关的导通状态。三极管的这种状态我们称之为饱和导通状态。

根据三极管工作时各个电极的电位高低,就能判别三极管的工作状态。因此,电子维修人员在维修过程中,经常要拿多用电表测量三极管各脚的电压,从而判别三极管的工作情况和工作状态。

第六节 三极管在汽车电脑板上的应用

目前在汽车发动机电脑板中单纯运用三极管的开关电路越来越少,我们往往看到发动机电脑板中的三极管根本不是用作开关,而是其他用途。所以看到电脑板中有三个脚的不一定是三极管。三极管当开关使用目前在仪表、车身电脑板等模块中常见。图4-8为三极管在2017年现代名图仪表中使用,在这里就运用了三极管的开关原理,用来控制仪表背光供电。

图4-9是三极管在波箱电脑板上的运用,这里也用作开关。具体电路如图4-10所示。

图 4-8

图 4-9

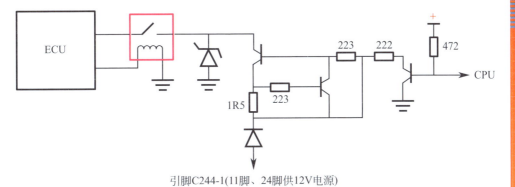

引脚C244-1(11脚、24脚供12V电源)

图 4-10

第五章

场效应管

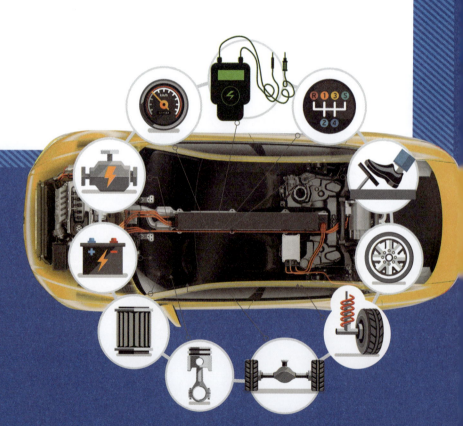

第一节　认识汽车电脑板上的场效应管

场效应管是一种利用电场效应来控制电流的半导体器件，也是一种具有正向受控作用的半导体器件。它体积小、工艺简单，器件特性便于控制，是目前制造大规模集成电路的主要有源器件。

场效应管在汽车发动机电脑板中通常用于控制点火线圈、氧传感器加热及其他执行器控制；在柴油发动机电脑板中通常用于喷油器控制。

图 5-1 中三个脚的管为点火控制的场效应管。图 5-2 中 6 个为柴油喷油器控制的场效应管。

图 5-1

图 5-2

> **提示**
>
> 场效应管与三极管主要区别如下。
>
> ① 场效应管输入电阻远大于三极管输入电阻。
>
> ② 场效应管是单极型器件（三极管是双极型器件）。
>
> ③ 场效应管受温度的影响小（只有多子漂移运动形成电流）。

第二节 场效应管的种类及其电路符号

场效应管的分类方法如图 5-3 所示。

图 5-3

沟道是指载流子流通的渠道、路径。N 沟道是指以 N 型材料构成的区域作为载流子流通的路径；P 沟道是指以 P 型材料构成的区域作为载流子流通的路径。

场效应管的结构示意图及其电路符号如图 5-4 所示。

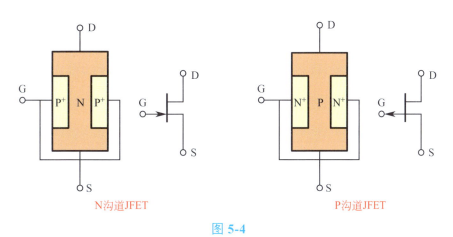

图 5-4

由场效应管的电路符号可知，无论是 JFET 还是 MOSFET，它都有三个电极：栅极 G、源极 S、漏极 D。它们与三极管的三个电极一一对应（其实它们之间除了电极有对应关系外，由它们构成的电路的特性也有对应关系）：

G—B   S—E   D—C

N 沟道管子箭头是指向沟道的，而 P 沟道管子的箭头是背离沟道的。

第三节 场效应管的工作原理

JFET 与 MOSFET 工作原理相似，它们都是利用电场效应来控制电流，即都是利用改变栅源电压 U_{GS}，来改变导电沟道的宽度和高度，从而改变沟道电阻，最终达到对漏极电流 I_D 的控制作用。不同之处仅在于导电沟道形成的原理不同。下面我们以 N 沟道 JFET、N 沟道增强型为例进行分析。

如图 5-5 所示，场效应管工作时它的两个 PN 结始终要加反向电压。对于 N 沟道，各极间的外加电压变为 $U_{GS} \leqslant 0$；漏源之间加正向电压，即 $U_{GS} > 0$。

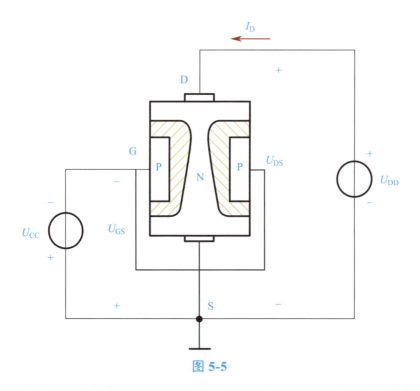

图 5-5

当 G、S 两极间电压 U_{GS} 改变时，沟道两侧耗尽层的宽度也随着改变。沟道宽度的变化，导致沟道电阻值的改变，从而实现了利用电压 U_{GS} 控制电流 I_D 的目的。

1. $|U_{GS}|$ 对导电沟道的影响

当 $|U_{GS}|$=0 时，场效应管两侧的 PN 结均处于零偏置，形成两个耗尽层，如图 5-6（a）所示。此时耗尽层最薄，导电沟道最宽，沟道电阻最小。

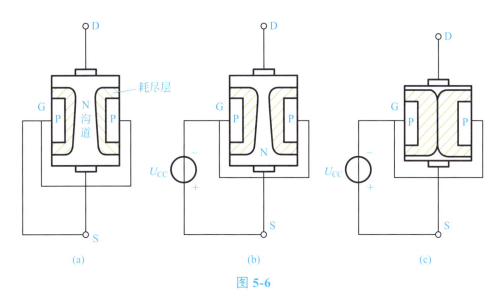

图 5-6

当 $|U_{GS}|$ 增大时，栅源之间反偏电压增大，PN 结的耗尽层增宽，如图 5-6（b）所示。导致导电沟道变窄，沟道电阻增大。

当 $|U_{GS}|$ 增大到使两侧耗尽层相遇时，导电沟道全部夹断，如图 5-6（c）所示。沟道电阻趋于无穷大。对应的栅源电压 U_{GS} 称为场效应管的夹断电压，用 U_{GS}（off）来表示。

2. U_{GS} 对导电沟道的影响

设栅源电压 U_{GS}=0，当 U_{GS}=0 时，I_D=0，沟道均匀，如图 5-6（a）所示。

当 U_{GS} 增加时，漏极电流 I_D 从零开始增加，I_D 流过导电沟道时，沿着沟道产生电压降，使沟道各点电位不再相等，沟道不再均匀。靠近源极端的耗尽层最窄，沟道最宽；靠近漏极端的电位最高，且与栅极电位差最大，因而耗尽层最宽，沟道最窄。由图可知，U_{GS} 的主要作用是形成漏极电流 I_D。

3. U_{GS} 对沟道电阻和漏极电流的影响

设在漏源间加有电压 U_{GS}，当 U_{GS} 变化时，沟道中的电流 I_D 将随沟道电阻的变化而变化。

当 $U_{GS}=0$ 时，沟道电阻最小，电流 I_D 最大。当 $|U_{GS}|$ 值增大时，耗尽层变宽，沟道变窄，沟道电阻变大，电流 I_D 减小，直至沟道被耗尽层夹断，$I_D=0$。

当 $0<U_{GS}<U_{GS}$（off）时，沟道电流 I_D 在零和最大值之间变化。

改变栅源电压 U_{GS} 的大小，能引起管内耗尽层宽度的变化，从而控制了漏极电流 I_D 的大小。

场效应管和普通三极管一样，可以看作是受控的电流源，但它是一种电压控制的电流源。

第四节 场效应管在汽车电脑板上的应用

场效应管在电脑板中通常用于点火、氧传感器加热控制。通常将源极接地，漏极接电脑板引脚，栅极为控制极，常受 CPU 或二级驱动芯片控制。

1. 场效应管实物

场效应管的实物如图 5-7 所示。

图 5-7

2.氧传感器加热电路

氧传感器加热电路如图 5-8 所示。

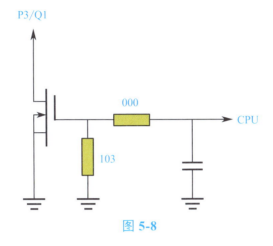

图 5-8

3.点火线圈控制电路

点火线圈控制电路如图 5-9 所示。

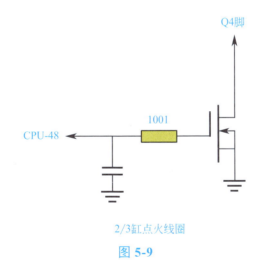

2/3缸点火线圈

图 5-9

第六章

电　感

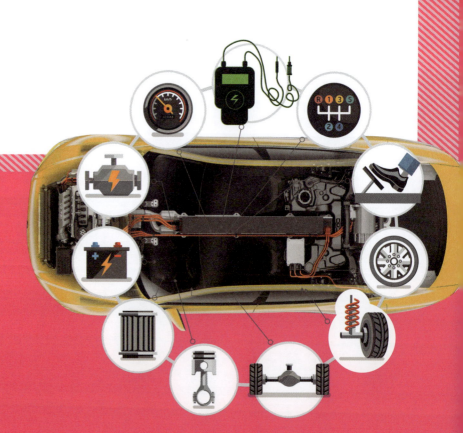

第一节　认识汽车电脑板电感

电感的单位为亨利（H），简称亨，较小的单位还有毫亨（mH）和微亨（μH）。其换算单位关系为：

$$1H=10^3 mH=10^6 \mu H$$

电感器俗称线圈。最简单的电感器就是用导线空心地绕几圈，有磁芯的电感器是在磁芯上用导线绕几圈。无论哪种电感器，如果结构相同，其基本特性相同，但绕的匝数不同或有无磁芯不同时，电感器的电感量不同。绕线匝数越多，电感量越大，在同样匝数的情况下，线圈增加了磁芯后，电感量会增加。

电感器在电路中具有感抗特性，感抗如同电阻一样阻碍电流流动，但是感抗与流过电感器的电流频率相关，还与电感器本身的电感量相关。电感对直流呈通路，而对于交流却呈现很大阻碍作用，通常我们称之为感抗：

$$X_L=2\pi f L$$

式中，X_L 为电感的感抗；f 为流过电感的交流电的频率；L 为电感的电感量。

1.电感的电路符号

不同类型的电感器，它的具体电路符号也有所不同。电感器电路符号还能形象地表示电感器的结构特点，如图6-1所示。

空心线圈没有磁芯，通常线圈绕的匝数越少，电感越小，主要用于高频电路中，例如短波收音电路中、调频收音电路中等。

空心线圈每圈之间的间隙大小与电感量有关，间隙大电感量小，反之则大。所以在需要微调空心线圈电感量时，可以调整线圈之间的间隙大小。为了防止线圈之间间隙变化，使用电路中调试完成后要用石蜡加以密封固定，这样还可以防止线圈受潮。

贴片电感器是一中小型化的电感器，采用贴片元器件的结构形式，具有无脚化的特点。

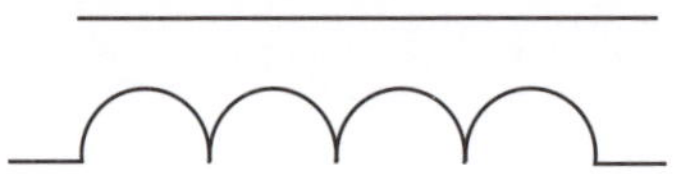

电感上画条实线，表示有低频铁芯

电感上画条虚线，表示有高频铁芯

电感上画实线断开，表示铁芯有间隙

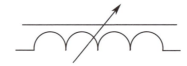

实线加箭头，表示电感器可调，是微调电感器

图 6-1

铁芯与磁芯的区别是工作频率不同，工作频率低的称为铁芯，工作频率高的称为磁芯。例如用于 50Hz 交流市电频率电路中的为铁芯，收音电路磁棒线圈中的磁棒为磁芯，其工作频率高达上千赫兹。磁芯根据工作频率的高低不同，还有低频磁芯和高频磁芯之分。

因为电感对交流存在阻碍作用，所以从电感输出的交流电压比输入电压幅度要小。

2.电感的作用

电感器的特性与电容器的特性正好相反，它具有阻止交流电通过而让直流电顺利通过的特性。直流信号通过线圈时的电阻就是导线本身的电阻，压降很小；当交流信号通过线圈时，线圈两端将会产生自感电动势，自感电动势的方向与外加电压的方向相反，阻碍交流的通过。所以电感器的特性是通直流、阻交流，频率越高，线圈阻抗越大。电感器在电路中经常和电容器一起工作，构成 LC 滤波器、LC 振荡器等。另外，人们还利用电感的特性，制造了阻流圈、变压器、继电器等。

第二节 电感的分类与结构

1. 电感的分类

电感的分类如图 6-2 所示。

> 绕线电感：铜线绕制

> 叠层电感：丝网印刷

> 薄膜电感：薄膜工艺

> 一体成型：压制成型

图 6-2

2. 电感的结构

电感的结构如图 6-3 所示。

➤ 绕线电感：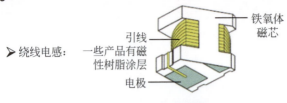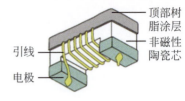

➤ 叠层电感：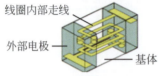

➤ 薄膜电感：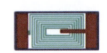

➤ 一体成型：

图 6-3

几种电感实物图如图 6-4 所示。

(a) CAN滤波电感实物图1

(b) 升压电感实物图

(c) CAN滤波电感实物图2

图 6-4

第三节 电感与滤波电容的区别

如果要分析电感在直流电路中的工作原理,电感的直流电阻不能忽略,它在电路中起着一定的作用,是否要考虑电感的直流电阻要视具体电路而定,这是分析电路中的难点。

在分析电感电路时,如果输入直流电,电感不存在感抗,只有电感器的直流电阻,通常情况下可以忽略不计。

对于交流电,要根据交流电的频率分成多种情况进行感抗的等效分析,电感器L的等效"电阻",其大小与电感量和频率相关。

把一个频率高的电感等效为一个阻值大的电阻等效分析。

把一个频率低的电感等效为一个阻值小的电阻等效分析。

把一个特定频率的电感等效为一个特定阻值的电阻等效分析。

在大电流的整流滤波电路中常常会用到容量很大的滤波电容,这是因为负载内阻很小,若采用小容量的滤波电容,其放电时间极短而起不到滤波的作用。若采用大容量的电容,虽然能起到滤波作用,但由于充放电电流极大,同时会对整流二极管产生很大的冲击电流。因此在这种情况下,采用电感滤波是很好的办法。由于电感线圈的电感量要足够大,应该采用有铁芯的线圈,线径要足够粗以承载大电流。

与电容滤波相比,电感滤波有以下特点:

❶ 电感滤波的外特性和脉动特性好。

❷ 电感滤波电路整流二极管的导通角 $\theta=\pi$。

❸ 电感滤波输出电压较电容滤波低。故一般电感滤波适用于输出电压不高、输出电流较大及负载变化较大的场合。

第四节 电感的工作原理

当流过电感的电流变化时,电感线圈中产生的感生电动势将阻止电流的变化。当通过电感线圈的电流增大时,电感线圈产生的自感电动势与电流方向相反,阻止电流的增加,同时将一部分电能转化成磁场能存储于电感之中;当通过电感线圈的电流减小时,自感电动势与电流方向相同,阻止电流的减小,同时释放出存储的能量,以补偿电流的减小。因此经电感滤波后,不但负载电流及电压的脉动减小,波形变得平滑,而且整流二极管的导通角增大。

如图6-5所示,在电感线圈不变的情况下,负载电阻愈小,输出电压的交流分量愈小。只有在 $R_L \ll \omega L$ 时才能获得较好的滤波效果。L 越大,滤波效果越好。

另外,由于滤波电感电动势的作用,二极管的导通角接近 π,减小了二极管的冲击电流,平滑了流过二极管的电流,从而延长了整流二极管的寿命。

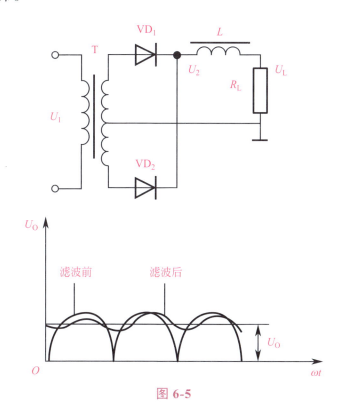

图 6-5

当忽略电感线圈的直流电阻时,R_L 上的直流电压 U_L 与不加滤波时负载上的电压相同,即 $U_L = 0.9 U_2$。

第五节　电感在开关电源中的应用

电感是开关电源中常用的元件，由于它的电流、电压相位不同，所以理论上损耗为零。电感常为储能元件，也常与电容一起用在输入滤波和输出滤波电路上，用来平滑电流。电感也被称为扼流圈，特点是流过其上的电流有"很大的惯性"。换句话说，由于磁通连续特性，电感上的电流必须是连续的，否则将会产生很大的电压尖峰。

电感为磁性元件，自然有磁饱和的问题。有的应用允许电感饱和，有的应用允许电感从一定电流值开始进入饱和，也有的应用不允许电感出现饱和，这要求在具体线路中进行区分。大多数情况下，电感工作在"线性区"，此时电感值为一常数，不随着端电压与电流变化。但是，开关电源存在一个不可忽视的问题，即电感的绕线将导致两个分布参数（或寄生参数），一个是不可避免的绕线电阻，另一个是与绕制工艺、材料有关的分布式杂散电容。杂散电容在低频时影响不大，但随频率的提高而渐显出来，当频率高到某个值以上时，电感也许变成电容特性了。如果将杂散电容"集中"为一个电容，则从电感的等效电路可以看出在某一频率后所呈现的电容特性。

第六节　共模电感

当有共模电流流经线圈时，由于共模电流的同向性，会在线圈内产生同向的磁场而增大线圈的感抗，使线圈表现为高阻抗，产生较强的阻尼效果，以此衰减共模电流，达到滤波的目的。如图6-6所示。

共模信号的危害：导线上产生共模电流，导线会产生强烈的电磁辐射，对电子、电气产品元器件产生电磁干扰，影响产品的性能指标。

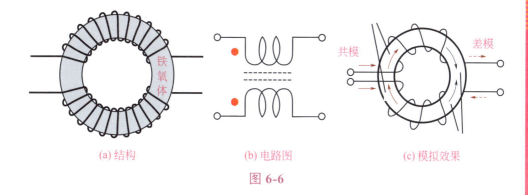

(a) 结构　　　　　(b) 电路图　　　　　(c) 模拟效果

图 6-6

实际的电感线圈是用导线绕制而成的，因为除了具有电感之外，还存在电阻。如果电阻较小甚至可以忽略不计时，就可看作是理想电感元件。当通过交流电流时，在导线的内部及其周围产生交变磁通，拥有储存和释放能量的功能。在电子线路中，电感线圈对交流有限流作用，它与电阻器或电容器能组成高通或低通滤波器、移相电路及谐振电路等；变压器可以进行交流耦合、变压、变流和阻抗变换等。

第七节　电感在汽车电脑板上的应用

电感滤波电路，常见的有如图 6-7 所示的 π 型 LC 滤波电路，L1 为滤波电感，C1 和 C2 为滤波电容，因为 C1、L1 和 C2 构成了一个 π 字样，所以称为 π 型滤波电路。

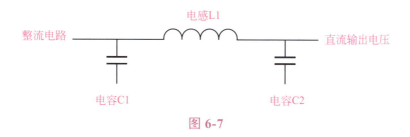

图 6-7

从整流电路输出的交流和直流混合电流首先经过 C1 滤波，然后加到 L1 和 C2 组成的滤波电路中。

对于直流电流而言，由于 L1 的直流电阻很小，所以直流电流流过

L1 时在 L1 上产生的直流电压降很小，这样直流电压就能通过 L1 到达输出端。

对于交流电流而言，因为 L1 存在感抗，而且滤波电路中 L1 的电感量比较大，所以感抗很大。这一感抗与 C2 的容抗（滤波电容的容量大、容抗小）构成分压衰减电路，等效电路如图 6-8 所示。

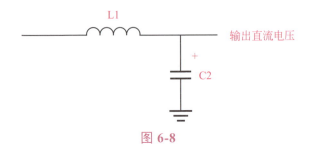

图 6-8

这个衰减电路，对交流电压有很大衰减作用，可以达到去掉交流电压的目的。

2014 年本田雅阁电感在电脑板上的实际应用如图 6-9 所示，电感在本田雅阁电源电路中的应用如图 6-10 所示。

图 6-9

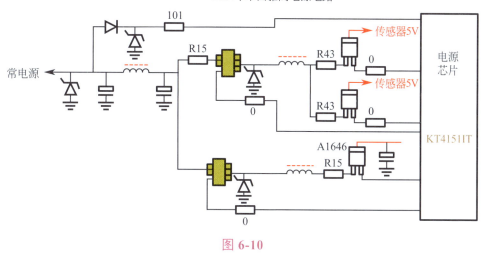

图 6-10

第七章

晶　振

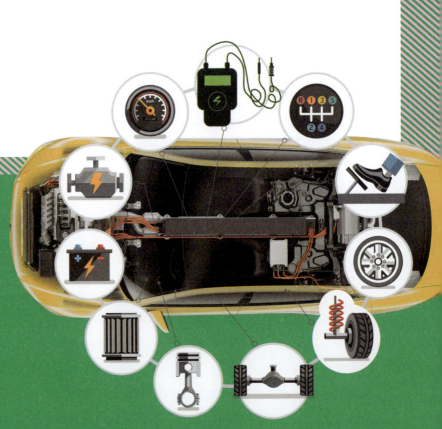

第一节　认识汽车晶振

每个单片机系统里都有晶振，全称是晶体振荡器。在单片机系统里晶振的作用非常大，它结合单片机内部的电路，产生单片机所必需的时钟频率，单片机的一切指令的执行都是建立在这个基础上的。晶振提供的时钟频率越高，单片机的运行速度也就越快。

晶振利用一种能把电能和机械能相互转化的晶体在共振的状态下工作，以提供稳定、精确的单频振荡。在通常工作条件下，普通的晶振频率绝对精度可达百万分之五十。高级的精度更高。有些晶振还可以由外加电压在一定范围内调整频率，称为压控振荡器（VCO）。

1.晶振符号

晶振符号如图 7-1 所示。

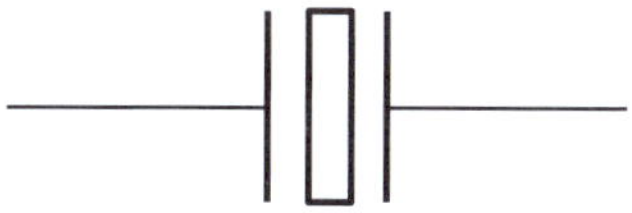

图 7-1

2.晶振实物图

晶振实物图如图 7-2 ～图 7-4 所示。

图 7-2　晶振实物图 1

外表看上去有 6 个脚，其实在这里与 CPU 相连的只有 2 个脚，其余的脚通常搭铁。

图 7-3　晶振实物图 2（贴片晶振）

图 7-4　晶振实物图 3

外表看上去有 4 个脚，其实也相当于只有 2 个脚。

第二节　晶振的分类

1. 无源晶振

无源晶振需要芯片内部有振荡器，无源晶振没有电压的问题，信号电平是可变的，也就是说是根据起振电路来决定的，同样的晶振可以适用于多种电压，而且价格通常也较低，因此对于一般的应用如果条件许可建议用无源晶振。无源晶振缺陷是信号质量较差，通常需要精确匹配外围电路（信号匹配的电容、电感、电阻等），更换不同频率的晶振时周边配置电路需要做相应的调整。

2. 有源晶振

有源晶振不需要芯片内部有振荡器，信号质量好，比较稳定，而且连接方式相对简单（主要是做好电源滤波，通常使用由一个电容和一个电感构成的 PI 型滤波网络，输出端用一个小阻值的电阻过滤信号即可），不需要复杂的配置电路。有源晶振通常的用法：一脚悬空，二脚接地，三脚接输出，四脚接电压。相对于无源晶振，有源晶振的缺陷是其信号电平是固定的，需要选择合适的输出电平，灵活性较差，而且价格高。对于时序要求敏感的应用，笔者认为还是有源晶振好，因为可以选用比较精密的晶振，甚至是高档的温度补偿晶振。

第三节　晶振的 3 种特殊测量方法

方法 1　用万用表电压挡测量

用万用表电压挡测量晶振两端电压，工作时电压应为芯片工作电压的一半。

方法 2  用万用表电阻挡测量

用万用表的电阻挡测量晶振的两端电阻是否为无穷大，若无穷大说明晶振正常。

方法 3  用示波器测量

用示波器测量晶振工作时是否有波形，波形为标准正弦波。

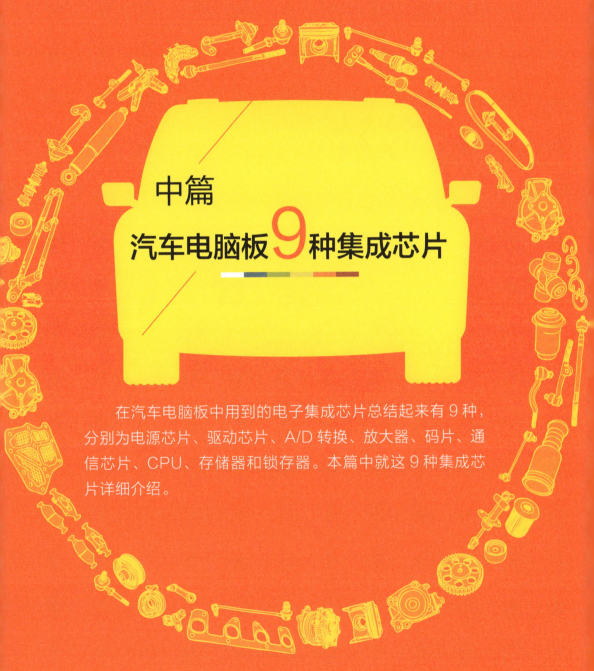

中篇
汽车电脑板 9 种集成芯片

在汽车电脑板中用到的电子集成芯片总结起来有 9 种，分别为电源芯片、驱动芯片、A/D 转换、放大器、码片、通信芯片、CPU、存储器和锁存器。本篇中就这 9 种集成芯片详细介绍。

第八章

电源芯片

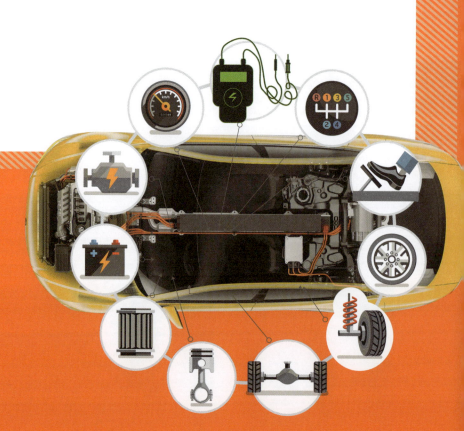

电源芯片目前在电脑板中是不可缺少的集成芯片，地位也显得尤其重要。在发动机电脑板中，除了给主板芯片提供 5V、3.3V、2.6V 和 1.8V 电源，还可以为外围传感器提供 5V 电源。

第一节　电源芯片 7805

78/79 系列三端稳压芯片组成稳压电源所需的外围元件极少，电路内部还有过流、过热及调整管的保护电路，使用起来可靠、方便，而且价格便宜。该系列集成稳压 IC 型号中的 78 或 79 后面的数字代表该三端集成稳压电路的输出电压。在 78/79 系列三端稳压器中最常应用的是 TO-220 和 TO-202 两种封装。如图 8-1 所示。

图 8-1

1. 电源芯片 7805 的五大特点

❶ 输出电流可达 1.5A。

❷ 可用的输出电压有 5V、6V、8V、9V、10V、12V、15V、18V、24V。

❸ 热过载保护。

❹ 短路保护。

❺ 输出晶体管 SOA 保护。

2. 电源芯片 7805 的引脚定义

电源芯片 7805 的引脚定义如图 8-2 所示。

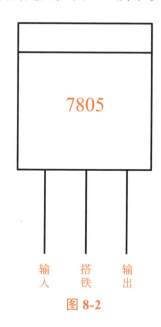

图 8-2

第二节 电源芯片 TLE4275

电源芯片 TLE4275 是一款单片集成的由 5 针 TO 封装的低压降电压调整器。可将输入电压 45 V 调节到 $V_{Q.NOM}=5.0V$。该 IC 能够驱动负载高达 450mA 并具有短路保护功能。在过热情况下，TLE4275 具有温度保护功能。复位信号为一个输出电压 $V_{Q.RT}=4.65V$，该延迟时间可通过编程外部延迟电容器设定。该 IC 还集成了一些内部电路进行保护：超载 / 过温 / 反向极性。如图 8-3 所示。

图 8-3

1.电源芯片TLE4275引脚说明（表8-1）

表 8-1

PIN 号	符号	功能
1	I	输入：陶瓷电容器直接接地
2	RO	复位输出：集电极开路输出
3	GND	地面：3脚内部连接到散热器
4	D	复位延迟：电容连接到GND，设定延迟时间
5	Q	输出：阻塞电容器接地，ESR < 5Ω

2.电源芯片TLE4275的原理框图(图8-4)

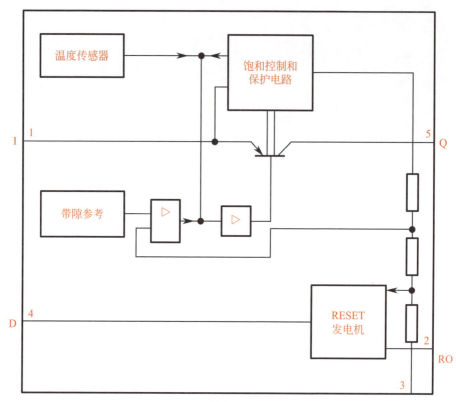

图 8-4

3.电源芯片TLE4275的外围电路原理(图8-5)

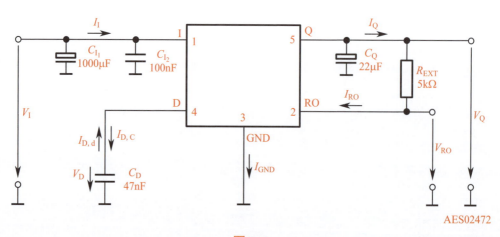

图 8-5

4. 实测赛欧3仪表电源电路（图8-6）

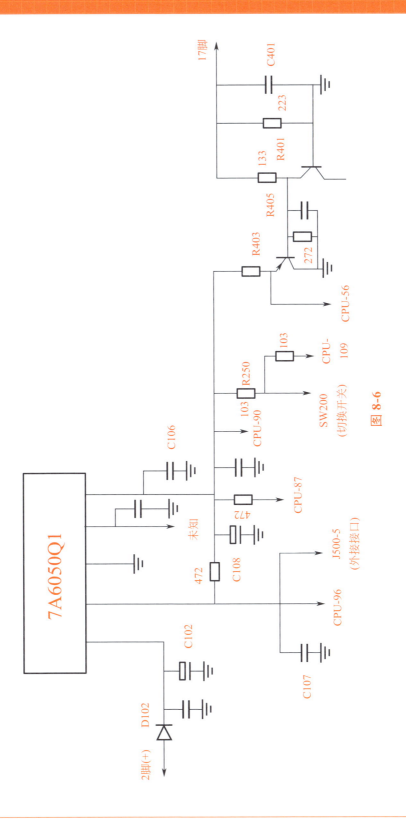

图 8-6

第三节　电源芯片 L05173

该电源芯片共有 36 个脚，在博世很多电脑板上采用该芯片。该芯片集成 A/D（可对爆震信号和曲轴信号进行处理）、K 线诊断、CAN 通信芯片的功能，属于易损芯片。15 脚、16 脚、18 脚为 5V 电源输出脚，15 脚的 5V 电源给主板供电，16 脚、18 脚的 5V 电源为传感器供电。图 8-7 为 M7 电脑板电源芯片电路图。

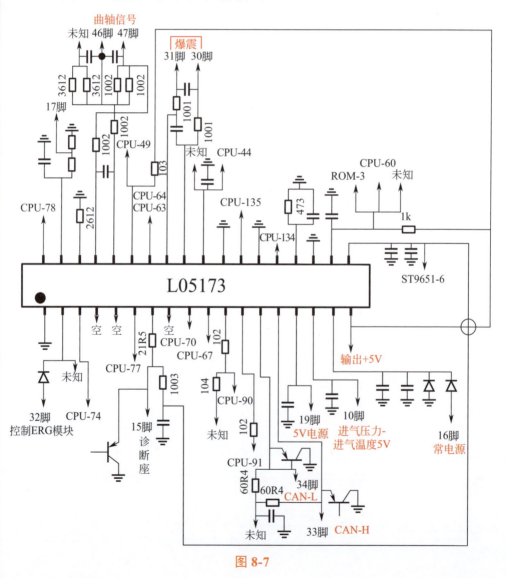

图 8-7

第四节 电源芯片 A2C33648

图 8-8 为电源芯片 A2C33648 的实物图。如图 8-9 所示，该电源芯片用于科鲁兹发动机电脑板，共 20 脚，1 脚、10 脚、11 脚、12 脚、13 脚、18 脚、19 脚和 20 脚通常搭铁，2 脚、3 脚为电源供电，4 脚、17 脚为传感器供电，9 脚、14 脚为芯片提供 5V 电源。

图 8-8

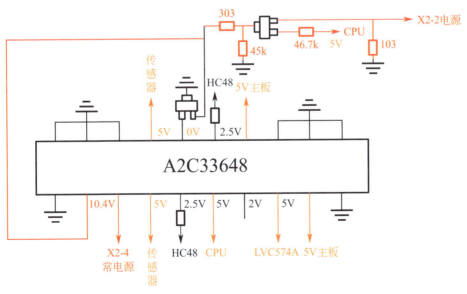

图 8-9

第五节　电源芯片 TLE4471G

图 8-10 为电源芯片 TLE4471G 的实物图。如图 8-11 所示，该电源芯片运用较多，目前在 MT22.1、MT60 电脑板中使用该电源芯片。3 脚为常电源输入（11.7V），2 脚和 16 脚为点火开关输入电源（11.47V）。4 脚、6 脚、8 脚、9 脚和 17 脚为 5V 电源输出，其中 17 脚为传感器提供 5V 电源。

图 8-10

TLE4471G 是一款单片集成的低压降三重电压调节器。主输出电源负载高达 450mA，额外的跟踪输出可提供高达 50mA 和 100mA 的页载。此外，该设备包括监视用于基于微控制器监督、欠压复位、上电复位和扩展实现的功能。相互独立的看门狗和复位时序可以选择。TLE4471G 可在一个电源的 PG-DSO-20 封装。它被设计成提供汽车应用的严酷条件下的微处理器系统，因此，它配备了附加的保护，防止过载、短路和过热。当然 TLE4471G 也可以用在其它应用中。

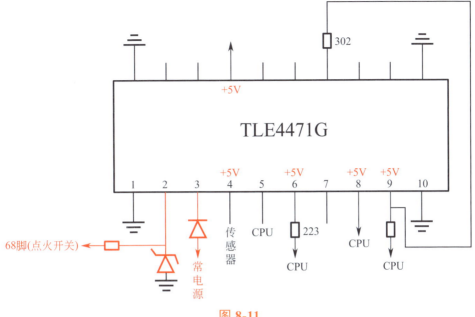

图 8-11

1. 电源芯片 TLE4471G 的引脚图（图 8-12）

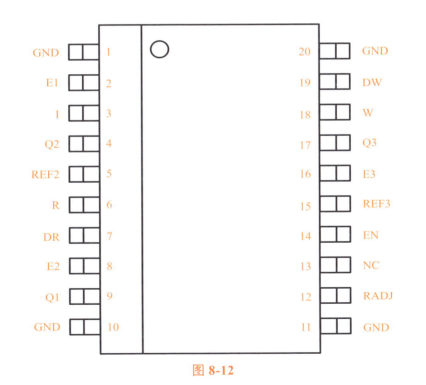

图 8-12

2.电源芯片TLE4471G的引脚说明(表8-2)

表 8-2

PIN 号	符号	功能
1、10、11、20	GND	地面:四个引脚都连接到散热器
2	E1	启用 1:启用主输出 Q1 和 Q2
3	I	输入:阻止在 IC 的直接线路补偿
4	Q2	跟踪输出 Q2:阻止和 GND 之间 10 分钟,ESR＜3
5	REF2	参考输出:参考电压与 Q2
6	R	复位输出:集电极开路输出通过一个集成电阻连接到 Q1
7	DR	复位延迟:一个电容连接到 GND,复位延迟时间调整
8	E2	启用 2:启用主输出 Q1 和 Q2,E1、E2 和 E3 连接到 GND
9	Q1	主输出 Q1:阻止和 GND 之间 22 分钟,ESR＜3
12	RADJ	复位开关阈值调整:可单独设置与外部分压器一起复位。如果直接连接到 GND,复位阈值保持在 4.65V
13	NC	没有连接
14	EN	使能输入:Q3
15	REF3	参考输出:参考电压与 Q3
16	E3	启用 3:启用主输出 Q1 和 Q2;E1、E2 和 E3 连接到 GND
17	Q3	跟踪输出 Q3:阻止和 GND 之间 10 分钟,ESR＜3
18	W	看门狗触发输入:上升沿触发输入,监视微控制器
19	DW	看门狗延时:一个电容连接到 GND 看门狗,触发时间调整

第六节 电源芯片 40077

图 8-13 为电源芯片 40077 的实物图。

电源芯片 40077 目前在缸内直喷和柴油电脑板中大量采用,共 38 脚。该电源芯片可以驱动主继电器,同时也具有 CAN 通信芯片功能,其中5脚为点火开关控制电源脚，20脚、23脚为电源脚，9脚、10脚、11脚和26脚为5V电源输出脚。

图 8-13

电源芯片40077的外围电路如图8-14所示。

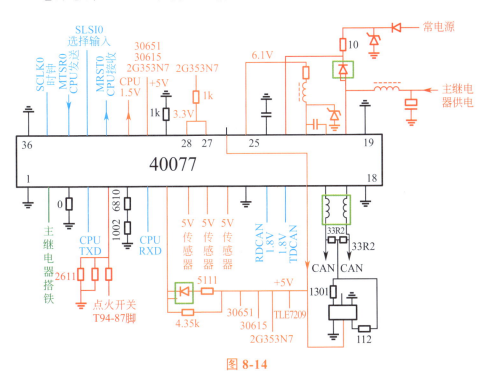

图 8-14

第九章

驱动芯片

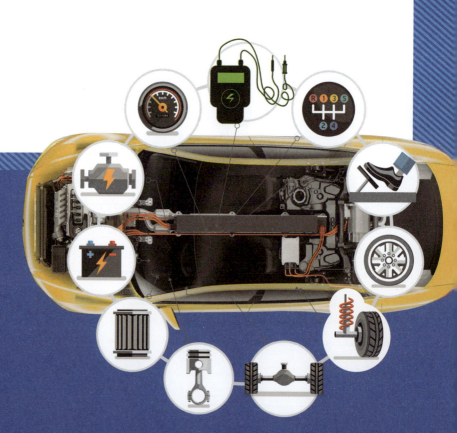

驱动芯片在电脑板中主要驱动外围执行器，比如喷油器、主继电器、油泵继电器、氧传感器加热、点火线圈和电磁阀等。该类芯片内部不带任何数据，损坏后直接更换驱动芯片就行。很多师傅都以为只要是芯片就一定有数据，这种观点是错误的。

第一节　驱动芯片 L05172

驱动芯片 L05172 用于 M7 发动机电脑板，负责控制 4 个缸喷油、油泵继电器控制、怠速电机控制、左风扇继电器和故障指示灯控制。引脚直接与芯片连通，该芯片为易损芯片。如图 9-1 所示。

图 9-1

驱动芯片 L05172 的控制电路如图 9-2 所示。

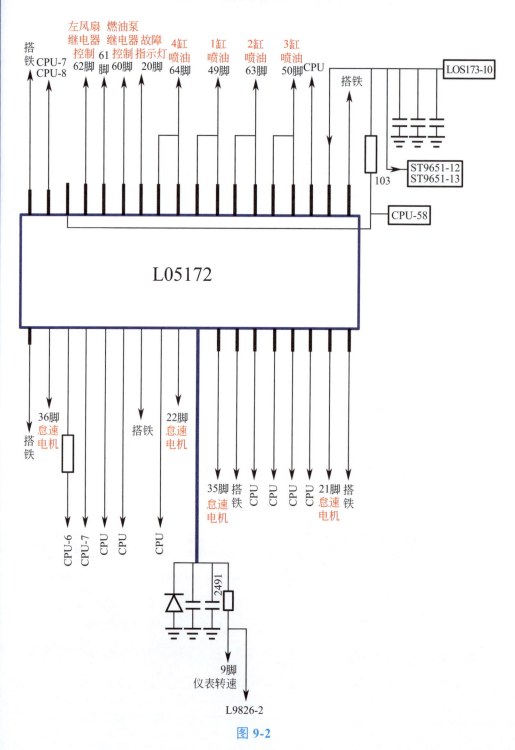

图 9-2

第二节　驱动芯片 30651

如图 9-3 所示，驱动芯片 30651 内部有升压电路，通常用在缸内直喷电脑板中。可以把 12V 低压电升压成 70V 左右的高压电。

图 9-3

喷油驱动芯片 30651 的控制电路如图 9-4 所示。

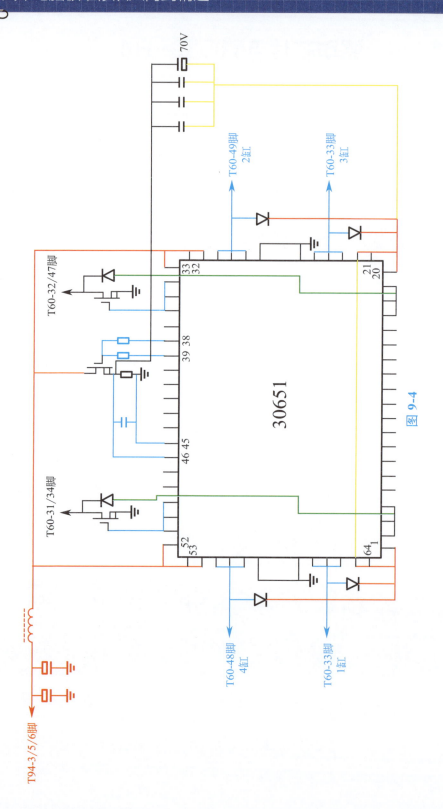

图 9-4

第三节　驱动芯片 ATIC39-B4

如图 9-5 所示，驱动芯片 ATIC39-B4 在科鲁兹发动机电脑板中运用到，该芯片可以驱动喷油器、风扇继电器、进排气凸轮电磁阀、故障灯、氧传感器加热等执行器。

图 9-5

驱动芯片 ATIC39-B4 的控制电路如图 9-6 所示。

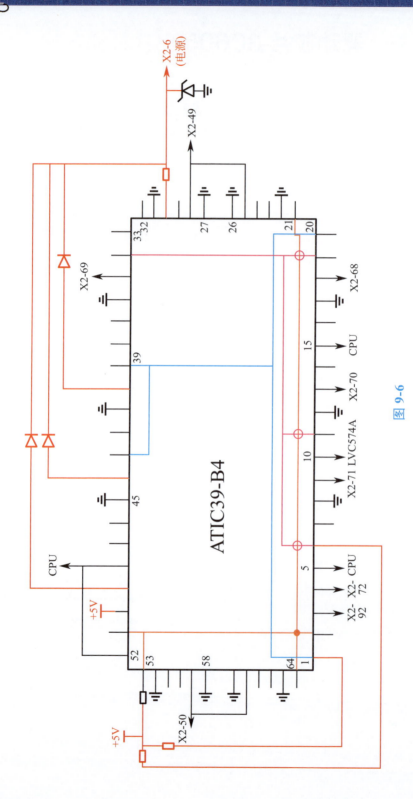

图 9-6

第四节 驱动芯片 30605

如图 9-7 所示，驱动芯片 30605 内部有升压电路，通常用在大众缸内直喷电脑板中。具体电路如图 9-8 所示。

图 9-7

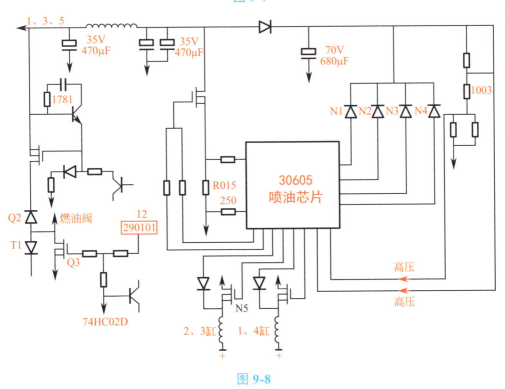

图 9-8

第五节 驱动芯片 30586

驱动芯片 30586 为点火芯片，如图 9-9 所示。大众波罗电脑板即使用的这种芯片，具体电路如图 9-10 所示。

图 9-9

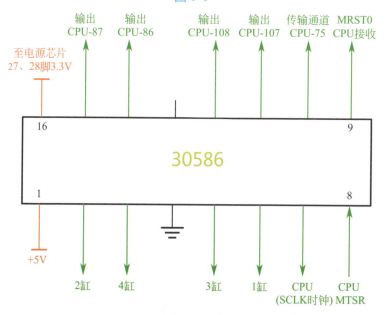

图 9-10

第六节 驱动芯片40092

如图9-11所示,驱动芯片40092用于柴油发动机电脑板中(EDC17C55),控制喷油器及升压电路,具体的电路如图9-12所示。

图 9-11

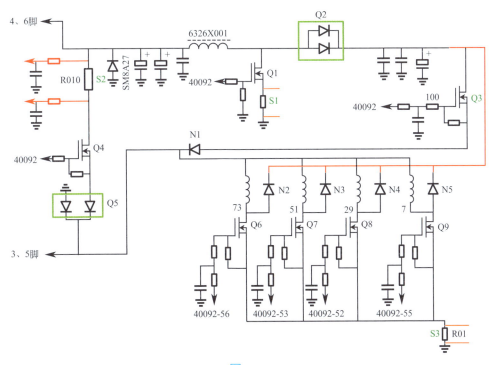

图 9-12

第十章

A/D 转换器

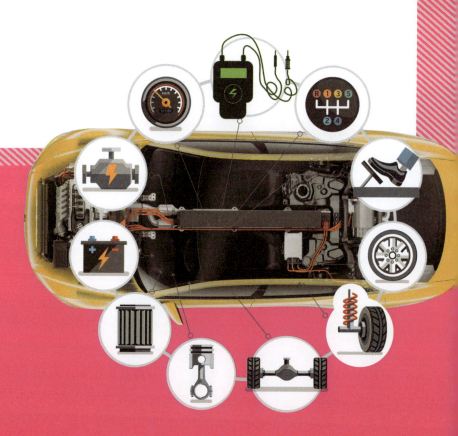

第一节　A/D 转换器的定义

将模拟量转换成数字，是模/数转换，或称 A/D（Analogue/Digital）转换。将数字转换成模拟量，是数/模转换，或称 D/A（Digital/Analogue）转换。完成 A/D 转换的器件，叫 A/D 转换器（ADC）；完成 D/A 转换的器件，叫 D/A 转换器（DAC）。

第二节　A/D 转换器系统原理图

A/D 转换器系统原理图如图 10-1 所示。

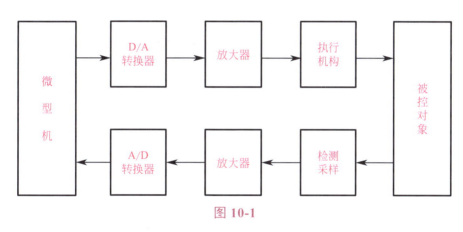

图 10-1

第三节　A/D 转换器在汽车芯片中的应用

该芯片在汽车电脑板中用作信号处理，如曲轴信号、爆震信号、氧传感器信号等。目前随着汽车芯片技术发展，该芯片不再像以前一样和电脑板单独分开，而是集成在如电源芯片或驱动芯片内部。因此，可能对有些电脑板而言就找不到该芯片了。

第十一章
CAN 芯片

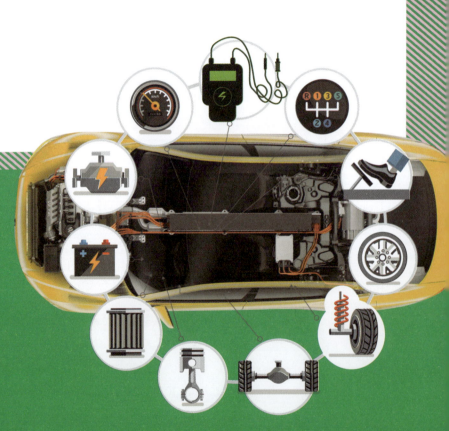

随着电子技术发展，汽车模块之间的通信在汽车电脑板中少不了。对机修工或者电工而言，CAN 通信总是那么神奇，认为通信网络最复杂，其实不然，当你学习完下面的内容后，就会很容易地理解它。

第一节　CAN 芯片常见型号

在汽车电脑板中，大多数只要标注有 TJAxxxx 的均为通信芯片，常见型号有：TJA1020、TJA1021、TJA1040、TJA1042、TJA1043、TJA1050、TJA1051、TJA1053、TJA1054、TJA1055。

下面重点介绍几款。

第二节　LIN 收发芯片 TJA1020

1. 芯片 TJA1020 的特点

❶ TJA1020 是 LIN 之间的界面主/从协议控制器和一个物理总线本地互联网络（LIN）。其主要是用于车载子网络，波特率从 2.4 到 20。

❷ 协议控制器输入引脚 TXD 的发送数据流由 LIN 收发器转换成总线信号，通过控制的压摆率和波形整形来尽量减少电磁辐射，通过 LIN 总线输出引脚拉高内部终端电阻。对于一个主应用外部电阻串联一个二极管，应连接在引脚 INH 或引脚 BAT 和 LIN 之间。该接收机在 LIN 总线的输入引脚检测数据流并通过 RXD 引脚的单片机传输。

❸ 在正常的收发操作时，TJA1020 可以在正常斜坡模式或低斜坡模式间切换。在低斜坡模式时 TJA1020 的上升沿位于 LIN 总线信号的上坡上，从而进一步降低了在正常模式下的斜坡，获得非常低排放。

❹ 在睡眠模式下的 TJA1020 的功率消耗是非常低的，而在故障模式下的功耗被减小到最低限度。

2. 芯片TJA1020的原理框图（图11-1）

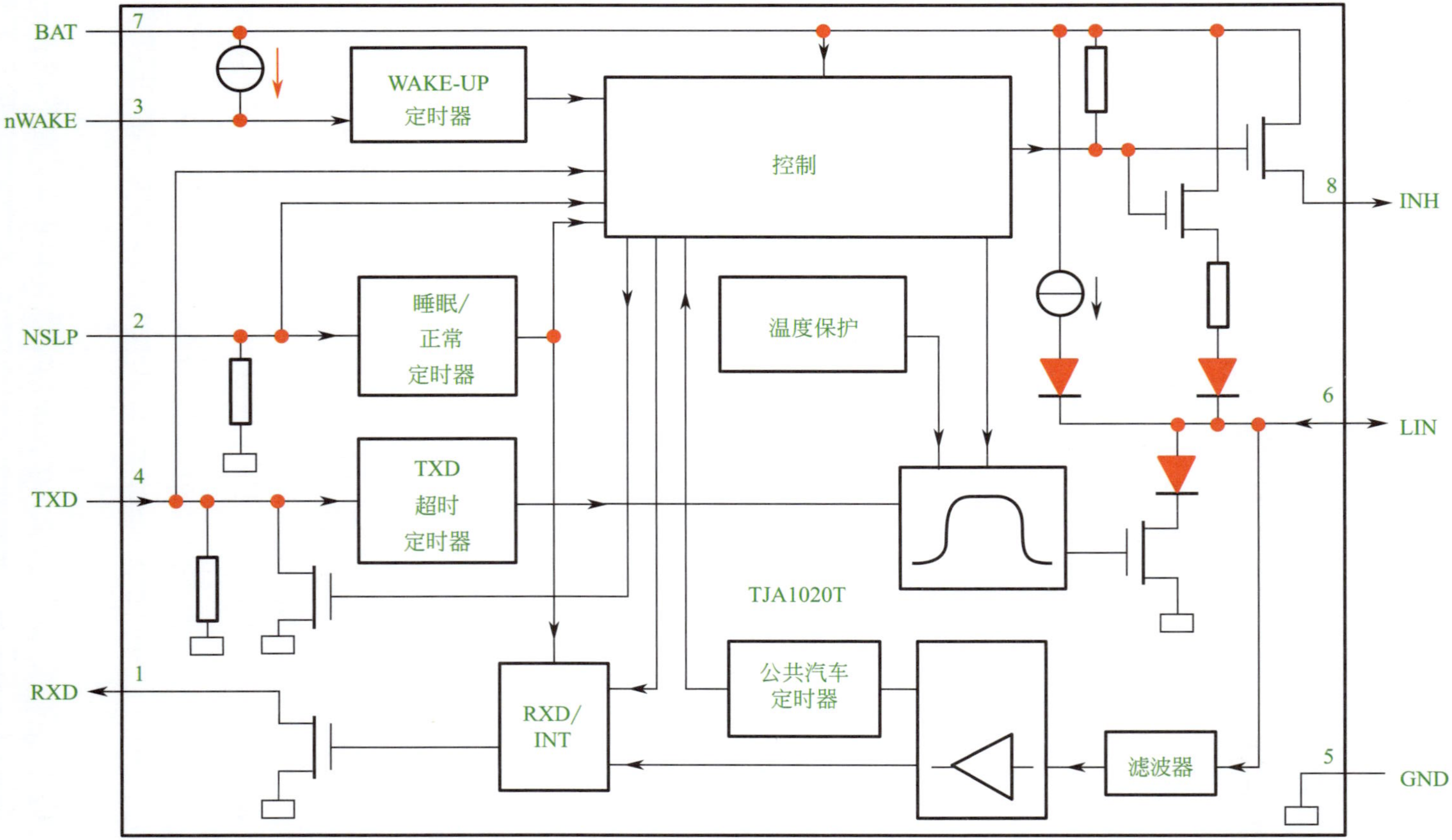

图11-1

3.芯片TJA1020的引脚

芯片TJA1020的引脚如图11-2所示，引脚注释见表11-1。

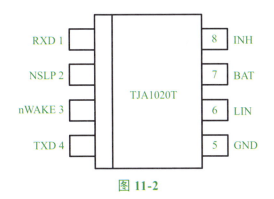

图 11-2

表 11-1

符号	针	描述
RXD	1	接收数据输出（漏极开路）； 唤醒事件发生后低电平有效
NSLP	2	睡眠控制输入端（低电平有效）； 控制抑制输出； 重置在TXD唤醒源FLAG和唤醒RXD上的要求
nWAKE	3	本地唤醒输入（低电平有效）； 下降沿触发
TXD	4	发送数据输入（低电平有效）； 当地唤醒事件后输出
GND	5	地
LIN	6	LIN总线输入/输出
BAT	7	电池供电
INH	8	电池相关的禁止输出，用于信号拖曳外部电压调节器； 唤醒事件之后高电平有效

第三节 通信芯片TJA1055

如图11-3所示，通信芯片TJA1055是协议控制器和物理总线导线之间的界面控制器区域网络（CAN）。它可提供差动发送和接收功能。TJA1055 是 TJA1054 和 TJA1054A 的增强版本。

图 11-3

1.引脚定义（图 11-4）

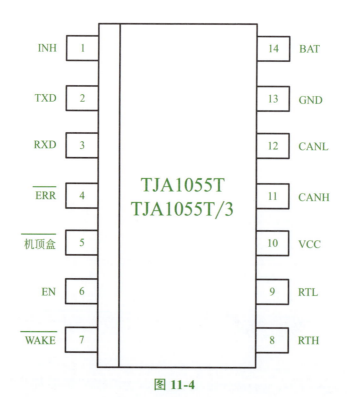

图 11-4

2.引脚注释（表11-2）

表 11-2

符号	针	描述
INH	1	抑制输出：用于切换外部电压调节器（如果一个发生信号唤醒）
TXD	2	发送数据输入端：用于激活驱动到总线线路的数据
RXD	3	接收数据输出：用于从总线读出的数据
$\overline{ERR}$	4	错误、唤醒和上电指示输出：低电平有效 当检测到总线故障时，正常工作模式：低电平有效 在检测到唤醒时的待机和休眠模式：活跃在低功耗
机顶盒	5	待机数字控制信号输入：与输入信号一起 在 EN 引脚输入该项决定收发器的状态
EN	6	启用数字控制信号输入：与该输入信号一起 在机顶盒输入该项确定收发器的状态
$\overline{WAKE}$	7	当地的唤醒信号输入（低电平有效）：两者下降和上升处于被检测到的边缘
RTH	8	终端电阻的连接
RTL	9	终端电阻的连接
VCC	10	电源电压
CANH	11	高位 CAN 总线
CANL	12	低位 CAN 总线
GND	13	地
BAT	14	电池电源电压

第四节　通信芯片 625033

通信芯片 625033 的实物图如图 11-5 所示。

图 11-5

1. 625033电脑板端子对应电路图（图11-6）

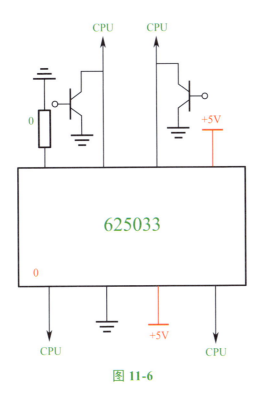

图 11-6

2. 引脚定义（图11-7）

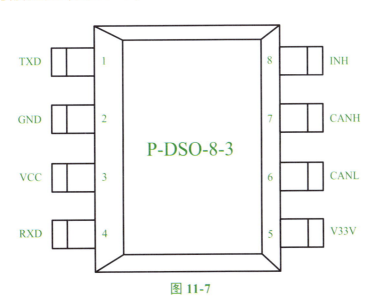

图 11-7

3.引脚注释(表11-3)

表 11-3

PIN 号	符号	功能
1	TXD	CAN 发送数据输入:低显性状态
2	GND	地面
3	VCC	5V 电源
4	RXD	可以接收数据输出:占主导地位的国家
5	RM	只接收输入:(5V 版)设置为低 激活的 RxD-only 模式
5	V33V	逻辑电源:(3.3V 版)3.3V 或 5V 微控制器的逻辑供应可在此连接;数字 1 的 TLE6250V33 通过所连接的微控制器控制 3.3V 逻辑电源
6	CANL	低线路输入:占主导地位的国家
7	CANH	高线路输出:高显性状态
8	INH	控制输入:设置为 LOW 正常模式

第十二章

放大器

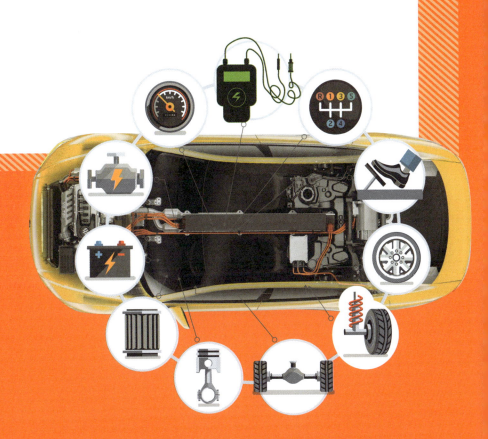

第一节 放大器的定义、符号及特点

1. 定义

集成运算放大器是利用集成工艺,将运算放大器的所有元件集成制作在同一块硅片上,然后再封装在管壳内。

集成运算放大器简称为集成运放,习称运放。使用集成运放,只需另加少数几个外部元件,就可以方便地实现很多电路功能。可以说,集成运放已经成为模拟电子技术领域中的核心通用器件之一。

2. 符号

(1) 国内符号(图12-1)

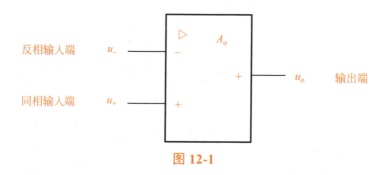

图 12-1

(2) 国际符号(图12-2)

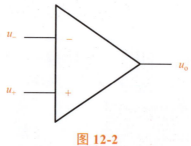

图 12-2

3. 特点

电压增益高,输入电阻大,输出电阻小。

第二节　放大器的工作原理

放大器的原理框图如图 12-3 所示。

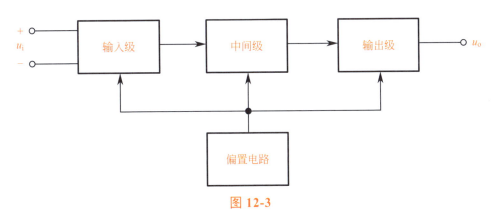

图 12-3

汽车电脑板的数据传输是通过二进制来完成的，在逻辑运算电路中，同样是通过二进制来表达的，那么二进制就限制了每次输出结果只有两个答案，那就是 0 或者 1。在电路中高电平表达为 1，低电平表达为 0。

1.门电路的输入

用以实现基本逻辑运算和复合逻辑运算的单元电路称为门电路。

常用的门电路在逻辑功能上有与门、或门、非门、与非门、或非门、与或非门、异或门等几种。

"门"是这样的一种电路：它规定各个输入信号之间满足某种逻辑关系时，才有信号输出。通常有下列三种门电路：与门、或门、非门（反相器）。从逻辑关系看，门电路的输入端或输出端只有两种状态，无信号以"0"表示，有信号以"1"表示。也可以这样规定：低电平为"0"，高电平为"1"，称为正逻辑；反之，如果规定高电平为"0"，低电平为"1"，称为负逻辑。然而，高与低是相对的，所以在实际电路中要先说明采用什么逻辑，才有实际意义。例如，负与门对"1"来说，具有"与"的关系，但对"0"来说，却有"或"的关系，即负与门也就是正或门；同理，负或门对"1"来说，具有"或"的关系，但对"0"来说具有"与"的关系，即负或门也就是正与门。

2. 基本的逻辑电路

凡是对脉冲通路上的脉冲起着开关作用的电子线路就叫做门电路，是基本的逻辑电路。门电路可以有一个或多个输入端，但只有一个输出端。门电路的各输入端所加的脉冲信号只有满足一定的条件时，"门"才打开，即才有脉冲信号输出。从逻辑学上讲，输入端满足一定的条件是"原因"，有信号输出是"结果"，门电路的作用是实现某种因果关系——逻辑关系。所以门电路是一种逻辑电路。基本的逻辑关系有三种：与逻辑、或逻辑、非逻辑。与此相对应，基本的门电路有与门、或门、非门。

3. 跟随器

图 12-4 是典型的跟随器，如果可以直接看做 A=Y，跟随器仅仅起到延迟和保护的作用。

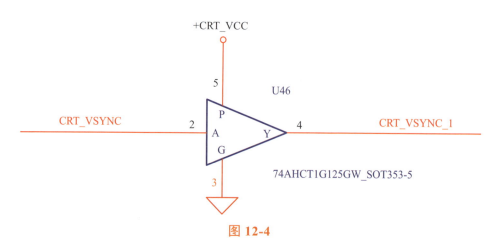

图 12-4

4. 与门

两个或两个以上的信号输入，决定一个信号的输出，如图 12-5 所示，A、B 为输入信号，Y 为输出信号，AB 属于相与关系，计算公式为 A×B=Y。这样的话，A、B 任一为低，则 Y 为低；A、B 同时为高，Y 才为高。

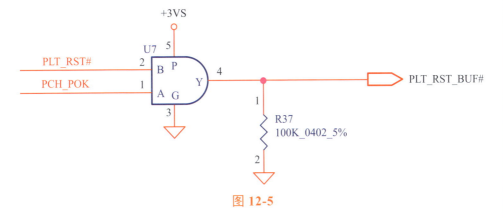

图 12-5

5. 非门

非门是将任一结果做倒数，说直接一点就是将结果反义化，比如跟随器的 A=Y，那么非门就是 A=Y 的倒数，如图 12-6 所示。

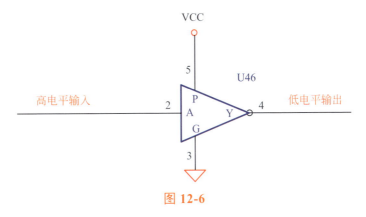

图 12-6

6. 或门

A 条件或者 B 条件任意一个满足高电平，即可以输出高电平，如图 12-7 所示。

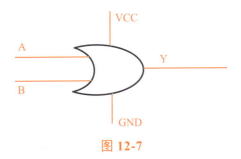

图 12-7

第三节 放大器 LM2904D

1. 实物图（图12-8）

图 12-8

2. 内部结构图（图12-9）

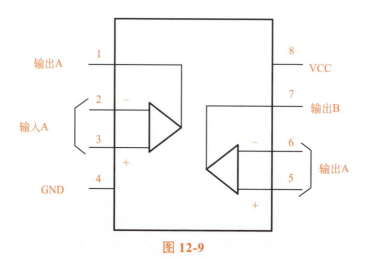

图 12-9

3.板图(图12-10)

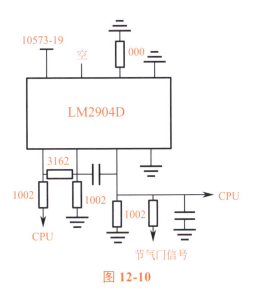

图 12-10

第十三章

码 片

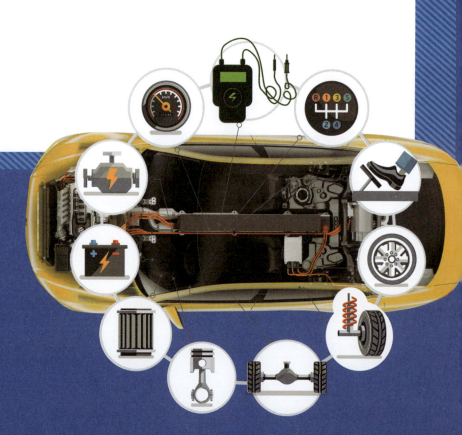

码片其外观有八个脚，在电脑板中通常在CPU附近。内部用于存储动态数据，如防盗密码、车架号及公里数通常存储在该芯片内部。

第一节　24系列码片

1. 24系列码片型号

24系列常见型号有：24C01、24C02、24C04、24C08、24C16、24C32、24C64。下面以24C02为例讲解其结构。

AT24C02是一个2k位串行CMOS EEPROM，内部含有256个8位字节。CATALYST公司的先进CMOS技术实质上减少了器件的功耗。AT24C02有一个16字节页写缓冲器。该器件通过IIC总线接口进行操作，有一个专门的写保护功能。

2. 24系列码片引脚定义（图13-1）

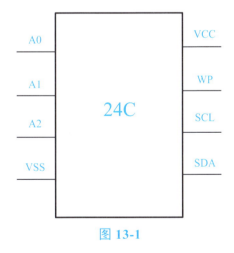

图13-1

（1）串行时钟（SCL）

AT24C02串行时钟引脚用于产生器件所有数据发送或接收的时钟，这是一个输入引脚。

（2）串行数据/地址（SDA）

AT24C02双向串行数据/地址引脚用于器件所有数据的发送或接

收，SDA 是一个开漏输出引脚，可与其它开漏输出或集电极开路输出进行"线或"（wire-OR）连接。

（3）器件地址输入端（A0、A1、A2）

这些输入脚用于多个器件级联时设置器件地址，这些脚悬空时默认值为 0。当使用 AT24C02 时最大可级联 8 个器件。如果只有一个 AT24C02 被总线寻址，这三个地址输入脚（A0、A1、A2）可悬空或连接到 VSS 或 GND。

（4）写保护（WP）

如果 WP 引脚连接到 VCC，所有的内容都被写保护，只能读。当 WP 引脚连接到 VSS 或 GND 或悬空，允许器件进行正常的读/写操作。

第二节　93 系列码片

1. 93 系列码片型号

93 系列常见型号有 93C46、93C56、93C66、93C76、93C86。

2. 93 系列码片引脚定义（图 13-2）

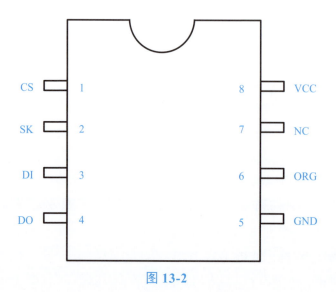

图 13-2

(1) 片选（CS）

这是一个输入引脚，连接到被控制的设备中，该被控制的设备（FM93C66A EEPROM）由主机产生。该引脚上有一个电平选择器和一个低电平释放装置。设备上的所有串行通信只有在该引脚保持高电平时才被启用。

该引脚不能永久绑高，因为该信号的上升沿需要复位，内部状态机要接收一个新的周期并在一个下降沿到启动后的写入周期内编程。在所有活动中，SK、DI 和 DO 引脚均被忽略，而 CS 则保持低电平。

(2) 串行时钟（SK）

这是一个输入引脚，连接到被控制的设备中，该被控制的设备由主机产生。它是同步的时钟信号，可实现在一个主设备和所属设备之间的通信。所有装置的输入信息（DI）被锁定在该时钟输入的上升沿，而这些装置的输出数据（DO）则由上升沿驱动此时钟输入。该引脚通过 CS 信号选通。

(3) 串行输入（DI）

这是一个输入引脚，连接到被控制的设备中，该被控制的设备由主机产生。所传输的信息（起始位、操作码位、数组的地址和数据）通过该引脚串行输入到设备中。这些输入信息将被上升到 SK 边缘。该引脚通过 CS 信号选通。

(4) 串行输出（DO）

这是从属于被控装置的输出端子和用于传送输出数据的，主数据通过此引脚来控制。输出数据从 SK 的上升沿被连续地移出到该引脚。该引脚仅在被选择的设备中出现。

(5) 组织（ORG）

这是一个输入引脚，可供选择的格式数据为 16 位或 8 位。如果该引脚接高电平，需要选择 16 位格式；而如果它被连接到低电平，则 8 位格式被选择。根据所选择的格式，FM93C66A 相应地也需要 8 位地址字段（为 16 位数据格式）或 9 位地址字段（8 位数据格式）。

除上述引脚外，图 13-2 中，VCC 为电源引脚，GND 为接地引脚，NC 为空脚。

第三节 95系列码片

1. 95系列码片型号

95系列码片常见型号有95010、95020、95040、95080、95160、95320、95640、95128。

2. 95系列码片引脚定义（图13-3、表13-1）

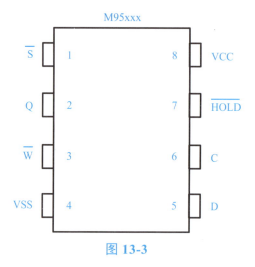

图 13-3

表 13-1

引脚名称	功能
C	串行时钟
D	串行数据输入
Q	串行数据输出
$\overline{S}$	芯片选择
$\overline{W}$	写保护
$\overline{HOLD}$	保持
VCC	电源电压
VSS	地

3. 95系列码片引脚说明

（1）芯片选择（$\overline{S}$）

当该输入信号为高电平时，取消选择器件和串行数据输出，（Q）为高阻抗。若在内部写循环过程中，该装置处在待机模式，则驱动芯片选择（$\overline{S}$）低使设备，并将其置于有源电力模式。上电后，在芯片选择下降沿之前，任何指令的起始都是必需的。

（2）串行数据输出（Q）

该输出信号是用于向器件串行传输数据。这些数据被移出到串行时钟（C）的下降沿。

（3）串行数据输入（D）

该输入信号被用来将传输数据串行地插入设备。当它接收 IN-structions（指令）时，地址和数据被写入，并被锁存在串行时钟（C）的上升沿。

（4）串行时钟（C）

该输入信号提供串行接口的定时。指令、寻址或数据存在于串行数据输入（D）时锁存串行时钟（C）的上升沿。这些数据输出（Q）到串行时钟（C）下降沿的边缘。

（5）写保护（$\overline{W}$）

写保护的主要目的是使信号被冻结，以防止误写指令（如通过在 BP1 和 BP0 位的赋值指定状态寄存器）。该引脚必须驱动为高电平或低电平，且必须保证在所有的写操作时是稳定的。

（6）保持（$\overline{HOLD}$）

保持信号用于暂停与任何设备的串行通信，但不取消选择器件。

第四节　35系列码片

下面以 M35080 为例介绍 35 系列码片的特点。

1. 35系列码片引脚定义（图13-4）

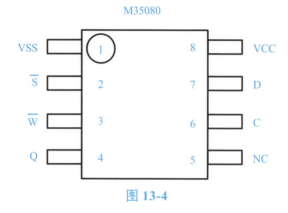

图 13-4

2. 35系列码片引脚注释（表13-2）

表 13-2

引脚名称	功能
C	串行时钟
D	串行数据输入
Q	串行数据输出
$\overline{S}$	芯片选择
$\overline{W}$	写保护
VCC	电源电压
VSS	地
NC	空脚

3. 35系列码片引脚说明

（1）串行输出（Q）

该引脚为输出引脚，用于将数据串行地输出到存储器中。数据被移出到串行时钟下降沿的边缘。

（2）串行输入（D）

该引脚为输入引脚，用于将数据连续传输到设备中。同时向每个设备发出指令，写入各自的地址和数据。这些输入数据被锁定在串行时钟的上升沿。

（3）串行时钟（C）

串行时钟用来提供定时的串行接口。从输入引脚上输入的数据被锁存在串行时钟的上升沿，而输出数据在串行时钟（Q）的下降沿。

（4）芯片选择（$\overline{S}$）

当$\overline{S}$为高电平时，存储装置的选择取消，Q引脚处于高阻抗保持状态。除非内部写操作处于被允许方式，存储装置才被置于待机功率模式。上电后，当$\overline{S}$引脚从高电平转换到低电平时，存储装置恢复到任何操作开始之前的状态。

（5）写保护（$\overline{W}$）

硬件通过写保护（$\overline{W}$）控制相应引脚，从而限制了写操作时访问状态寄存器。

第十四章

存储器

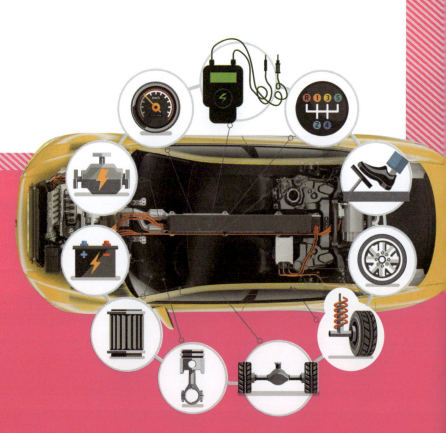

存储器的主要功能是存储程序和各种数据，并能在电脑板运行过程中高速、自动地完成程序或数据的存取。存储器是具有"记忆"功能的设备，它采用具有两种稳定状态的物理器件来存储信息。这些器件也称为记忆元件。在计算机中采用只有两个数码"0"和"1"的二进制来表示数据。记忆元件的两种稳定状态分别表示为"0"和"1"。日常使用的十进制数必须转换成等值的二进制数才能存入存储器中。电脑板中处理的各种字符，例如英文字母、运算符号等，也要转换成二进制代码才能存储和操作。

存储器常见型号有29F200、29F400、29F800、28F010、29F010、27C512、M58BW016DT。下面重点介绍29F800和M58BW016DT。

第一节　存储器29F800

如图14-1所示，存储器M29F800A是一个8兆比特（1MB×8或512kB×16）的非易失性存储器，可进行读取、擦除和重新编程。这些操作可以使用单一5V电源完成。上电时内存默认为阅读模式，它可以与ROM或EPROM同样的方式进行读取。所述存储器被划分成块，每个块都可以独立地被擦除，因此，能够维持旧的数据被擦除的有效数据。每块也可独立地保护，以防止意外重修改编程或擦除命令内存。结束编程或擦除操作，可以检测并确定所有错误。命令控制内存所需的设定是一致的，符合JEDEC标准。

图 14-1

1.引脚注释（图 14-2）

图 14-2

2.引脚定义（表14-1）

表 14-1

A0～A18	地址输入
DQ0～DQ7	数据输入/输出
DQ8～DQ14	数据输入/输出
DQ15A-1	数据输入/输出或输入地址
$\overline{E}$	芯片使能
$\overline{G}$	输出使能
$\overline{W}$	写使能
$\overline{RP}$	复位/临时撤销
$\overline{RB}$	就绪
$\overline{BYTE}$	字节/字组织的选择
VCC	电源电压
VSS	地
NC	在内部没有连接

3.引脚说明

（1）地址输入（A0～A18）

地址线输入接口，每一个接口直接与 CPU 引脚连接。通过地址线 CPU 可访问并选择存储器中的数据地址。

（2）数据输入/输出（DQ0～DQ7）

数据线输入/输出接口，每一个接口直接与 CPU 引脚连接。通过数据线 CPU 可调用存储器中所需要的数据。

（3）数据输入/输出（DQ8～DQ14）

数据线输入/输出接口，每一个接口直接与 CPU 引脚连接。通过数据线 CPU 可调用存储器中所需要的数据。当字节为低电平时，这些引脚不使用，它们是高阻抗。

(4）数据输入/输出或输入地址（DQ15A-1）

当字节为高电平时，该引脚表现为数据输入/输出引脚（如 DQ8～DQ14）。当字节为低电平时，该引脚表现为一个地址线。

(5）芯片使能（$\overline{E}$）

芯片使能 $\overline{E}$，激活内存，允许总线读取和写入总线执行的操作。当芯片使能是高，所有其他引脚都将被忽略。

(6）输出使能（$\overline{G}$）

输出使能 $\overline{G}$，连续指令对内存总线的读操作。

(7）写使能（$\overline{W}$）

写使能 $\overline{W}$，控制内存 COM 总线的写操作命令接口。

(8）复位/临时撤销（$\overline{RP}$）

复位/临时撤销引脚可用于应用硬件复位内存或解除保护。

(9）就绪（$\overline{RB}$）

就绪是漏极开路输出，用于识别当前存储器内部可以被读取。就绪是在读取模式下，自动选择高阻抗模式和擦除模式。硬件复位后，总线读取和写入总线操作不能开始，直到就绪高阻抗。在编程或擦除操作就绪是低电平。

(10）字节选择（$\overline{BYTE}$）

该字节选择引脚用于切换 8 位和 16 位总线模式。当字节/字组织的选择为低电平时，存储器是在 8 位模式下；当它为高电平时，内存是 16 位模式。

第二节　存储器 M58BW016DT

如图 14-3 所示，存储器 M58BW016DT、M58BW016DB、M58BW016FT 和 M58BW016FB 在发动机电脑板中应用较多，存储器工作电压在 2.7V 至 3.6V。该存储器容易出现数据丢失现象，通常可用 VVDI 或者 TKAG 等设备进行数据读写。

图 14-3

1.引脚注释(图14-4)

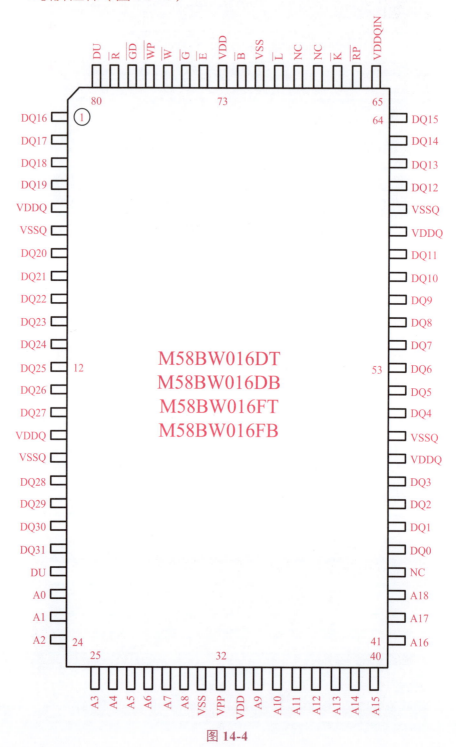

图14-4

2.引脚定义（表14-2）

表 14-2

信号	描述	方向
A0～A18	地址输入	输入
DQ0～DQ7	数据输入/输出，输入命令	I/O
DQ8～DQ15	数据输入/输出，突发配置寄存器	I/O
DQ16～DQ31	数据输入/输出	I/O
$\overline{B}$	突发地址提前	输入
$\overline{E}$	芯片使能	输入
$\overline{G}$	输出使能	输入
$\overline{K}$	突发时钟	输入
$\overline{L}$	锁存使能	输入
$\overline{R}$	有效的数据就绪（漏极开路输出）	产量
$\overline{RP}$	复位/掉电	输入
$\overline{W}$	写使能	输入
$\overline{GD}$	输出禁用	输入
$\overline{WP}$	写保护	输入
VDD	电源电压	供应
VDDQ	电源，输出缓冲器	供应
VDDQIN	电源只有输入缓冲器	供应
VPP	可选的电源电压，实现快速编程和快速擦除操作	供应
VSS	地	—
VSSQ	输入/输出地	—
NC	在内部没有连接	—
DU	不使用的内部连接	—

3. 引脚说明

（1）地址输入（A0～A18）

地址线输入接口，每一个接口直接与 CPU 引脚连接。通过地址线 CPU 可访问存储器中数据地址的选择。在总线写操作其控制的命令发送到编程/擦除控制器的命令接口。芯片使能选择所述地址时必须为低。地址输入锁存，锁存使能 $\overline{L}$ 时上升沿或突发时钟 K，以先到为准，在地址输入锁存上升沿的芯片使能，写使能或锁存使能，以先到者为准的写操作。地址锁存器是透明的，当锁存使能为低电平时，地址是内部锁定在擦除或编程操作。

（2）数据输入/输出（DQ0～DQ31）

数据输入/输出保存在选定的地址，在一个总线上读取的数据操作或进行编程操作期间用于输入数据。在总线写操作它们代表发送到该命令的接口、命令编程/擦除控制器。当用于输入数据或写命令，它们被锁存上升沿写使能或芯片使能，以先到为准。

（3）芯片使能（$\overline{E}$）

在芯片使能 $\overline{E}$ 处于低电平时，输入激活所述存储器控制逻辑电路，输入缓冲器、解码器。芯片使能 $\overline{E}$ 在高电位时取消选择的内存，并降低功耗处于待机状态。

（4）输出使能（$\overline{G}$）

输出使能 $\overline{G}$（低电位时），通过数据输出缓冲器的输出操作。当输出使能 $\overline{G}$ 是在高电位时，独立输出禁用高阻抗状态。

（5）输出禁用（$\overline{GD}$）

输出禁用 $\overline{GD}$，停用数据输出缓冲器。当输出禁用 $\overline{GD}$ 是高电位时，输出由输出使能驱动。当输出禁用 $\overline{GD}$ 是在低电位时，输出高阻抗输出独立的使能。输出禁用引脚必须被连接到一个外部上拉电阻，因为没有内部上拉电阻器来驱动 PIN 码。

（6）写使能（$\overline{W}$）

写使能 $\overline{W}$，输入控件写入命令接口，地址输入和数据锁存器。两个地址和数据可以在写使能的上升沿被锁存。

（7）复位 / 掉电（$\overline{RP}$）

$\overline{RP}$ 时，用于施加一个硬件复位信号到存储器中。硬件复位按住复位 / 掉电低电位时，写为抑制，以保护数据，命令接口和编程 / 擦除控制器被复位。状态寄存器的信息将被清除，功耗减小到深加电下方水平。该装置可作为取消选择，即数据输出端为高阻抗。

（8）锁存使能（$\overline{L}$）

总线接口可以被配置为锁存器的地址输入端上的闩锁的上升沿启用 $\overline{L}$，异步锁存使能控制读或写或同步突发读取操作。在同步突发读取操作的地址锁存有效边缘当锁存使能时钟为低。一旦锁定，该地址可能会改变在不影响所使用的存储器的地址。当锁存使能为低时，锁存是透明的。锁存使能 $\overline{L}$，可以保持在低电位异步随机读取和写入操作。

（9）突发时钟（$\overline{K}$）

突发时钟 $\overline{K}$，用于在同步与外部总线的存储器同步突发读取操作。总线信号锁存时钟在有效边沿。该时钟可被配置为具有活性的上升或下降沿。在同步突发阅读模式的地址被锁存在第一个有效时钟边沿时锁存使能为低，或锁存的上升沿启动，以先到为准。在异步总线操作的时钟不使用。

（10）突发地址提前（$\overline{B}$）

如果突发地址提前为低时，内部地址计数器进步。如果突发地址提前为高，内部地址计数器不会改变，相同的数据保留在数据输入 / 输出和脉冲串地址超前不取样，直到在 Y 延时到期。突发地址提前（$\overline{B}$）可以连接到低电位。

（11）有效的数据就绪（$\overline{R}$）

有效数据就绪输出 $\overline{R}$，是一个漏极开路输出，可以使用在同步突发读取操作，以确定是否存储已准备好输出数据或没有数据就绪输出可以被配置为被激活的无效时钟边沿数据读周期或一个周期之前。有效的数据就绪，在高电位表示存在新数据或将可用。当有效数据准备为低时，以前的数据输出保持活跃。在所有的异步操作中，有效的数据就绪为高阻抗。它可以被连接到其它具有相同的有效数据就绪信号组件来创建一个独特的系统就绪信号。

(12) 写保护（$\overline{WP}$）

写保护 $\overline{WP}$，提供保护，防止编程或擦除操作。当写保护 $\overline{WP}$ 是在低电位，第 2（在底部配置）或最后两个（在顶部配置）参数块和所有主要模块被锁定。当写保护 $\overline{WP}$ 是高电位时，如果没有其它的保护被使用，所有的模块都可以被编程或擦除。

(13) 编程/擦除电源电压（VPP）

编程/擦除电源电压 VPP，用于编程和擦除操作。该内存正常执行程序，并在擦除操作 VPP1 电压电平。在一个制造环境中，编程可以加速通过施加更高的电压级 VPPH，在 VPP 引脚的电压电平 VPPH，可以应用总共 80 小时以上，最多 1000 个周期。超出这些限制可能会损坏设备。

第十五章
锁存器

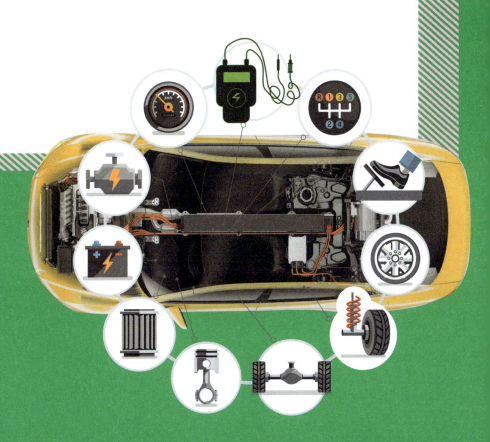

第一节　汽车锁存器的作用和类型

　　锁存器（Latch）是一种对脉冲电平敏感的存储单元电路，它们可以在特定输入脉冲电平作用下改变状态。锁存，就是把信号暂存以维持某种电平状态。锁存器的最主要作用是缓存，其次是解决高速的控制器与慢速的外设的不同步问题，再次是解决驱动的问题，最后是解决一个 I/O 口既能输出也能输入的问题。锁存器是利用电平控制数据的输入，它分为不带使能控制的锁存器和带使能控制的锁存器。

　　锁存器是数字电路中具有记忆功能的逻辑元件。锁存在数字电路中可以记录二进制数字信号"0"和"1"。

　　只有在有锁存信号时输入的状态才被保存到输出，直到下一个锁存信号。通常只有 0 和 1 两个值。

　　常见汽车电脑板锁存器类型有 74HCT573D、NECB58944。

第二节　锁存器 74HCT573D

　　74HC/HCT573 是高速硅栅 CMOS 器件，和引脚低功耗肖特基兼容。74HC/HCT573 均为八进制 D 型透明锁存器，具有独立的 D 型输入，以及适用于面向总线的应用的三态输出。锁存使能（LE）输入和输出使能（$\overline{OE}$）输入是常见的锁存器。当 LE 为高电平时，数据从 Dn 输入锁存器。在此条件下，锁存器是透明的，即锁存器输出状态会随着相应的 D 输入端变化。当 LE 为低电平时，锁存器将存在于 D 输入端的信息存储在高低电平转换之前的建立时间。当 $\overline{OE}$ 是低电平时，8 个锁存器提供输出。当 $\overline{OE}$ 为高电平时，输出为高阻关断状态。$\overline{OE}$ 输入的操作不影响锁存器的状态。

第十五章 锁存器

1. 逻辑图（图15-1）

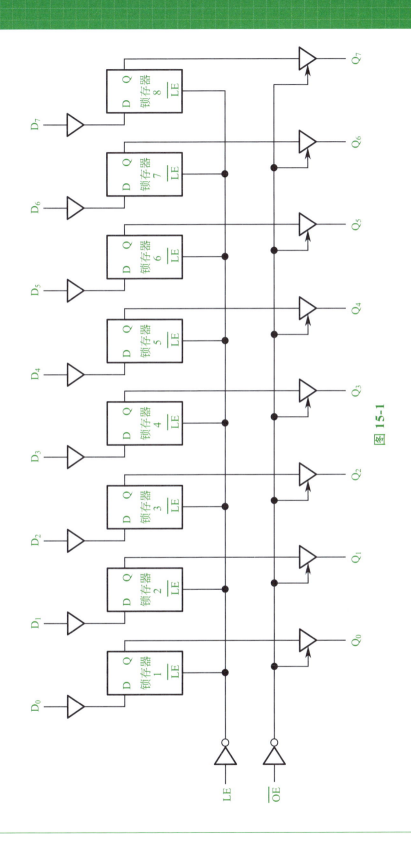

图 15-1

2.原理框图（图15-2）

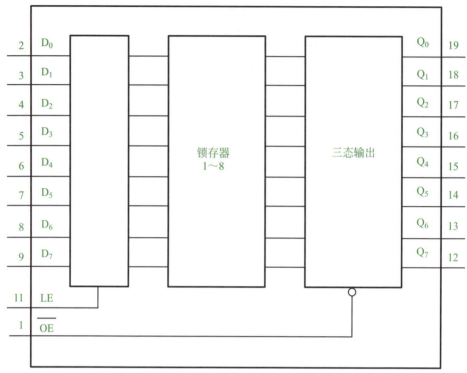

图 15-2

3.功能表（表15-1）

表 15-1

操作模式	输入			国内 锁存器	输出
	$\overline{OE}$	LE	D_N		$Q_0 \sim Q_7$
启用和阅读 注册（透明模式）	L L	H H	L H	L H	L H
锁存器和阅读 注册	L L	L L	I H	L H	L H
锁存器和寄存器 禁止输出	H H	L L	I H	L H	Z Z

4.引脚定义（图15-3、表15-2）

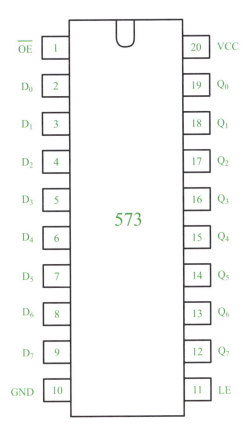

图 15-3

表 15-2

PIN号	符号	名称和功能
2、3、4、5、6、7、8、9	D_0 到 D_7	数据输入
11	LE	锁存使能输入（高电平有效）
1	$\overline{OE}$	三态输出使能输入（低电平有效）
10	GND	接地（0V）
19、18、17、16、15、14、13、12	Q_0 到 Q_7	三态输出锁存器
20	VCC	正电源电压

第三节　锁存器 NEC B58944

1. 锁存器实物图（图15-4）

图 15-4

2. 锁存器引脚图

如图 15-5 所示，该锁存器引脚标注是与 29F800BB 相对应的。

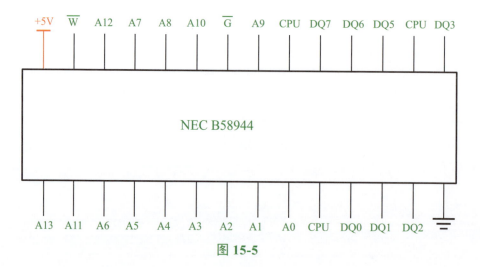

图 15-5

第十六章

CPU

第一节　汽车CPU的定义和类型

1. 汽车CPU的定义

中央处理器（CPU，Central Processing Unit）是一块超大规模的集成电路，是汽车电脑板的运算核心（Core）和控制核心（Control Unit）。它的功能主要是解释电脑板指令以及处理电脑板软件中的数据。

中央处理器主要包括运算器（算术逻辑运算单元，ALU，Arithmetic Logic Unit）和高速缓冲存储器（Cache）及实现它们之间联系的数据（Data）、控制及状态的总线（Bus）。它与内部存储器（Memory）和输入/输出（I/O）设备合称为汽车电脑板三大核心部件。

（1）逻辑部件

英文名称Logic Components。可以执行定点或浮点算术运算操作、移位操作以及逻辑操作，也可执行地址运算和转换。

（2）寄存器

寄存器部件，包括通用寄存器、专用寄存器和控制寄存器。通用寄存器又可分为定点数和浮点数两类，它们用来保存指令执行过程中临时存放的寄存器操作数和中间（或最终）的操作结果。通用寄存器是中央处理器的重要部件之一。

（3）控制部件

英文名称Control Unit。主要是负责对指令译码，并且发出为完成每条指令所要执行的各个操作的控制信号。

其结构有两种：一种是以微存储为核心的微程序控制方式；一种是以逻辑硬布线结构为主的控制方式。

微存储中保持微码，每一个微码对应一个最基本的微操作，又称微指令；各条指令是由不同序列的微码组成的，这种微码序列构成微程序。中央处理器在对指令译码以后，即发出一定时序的控制信号，按给定序列的顺序，以微周期为节拍执行由这些微码确定的若干个微操作，即可完成某条指令的执行。

简单指令是由 3～5 个微操作组成，复杂指令则要由几十个甚至几百个微操作组成。

2.汽车CPU的类型

（1）英飞凌 Infineon（西门子）

带有只读存储器，没有数据。DELPHI（德尔福）MT80、MT60 不带有存储器，博世二代、博世三代都带有存储器。用英飞凌编程器、KTAG 或 KTM100 刷写数据。

（2）摩托罗拉（飞思卡尔）

都带有 M58BW016，16M，只读存储器，32 位，德尔福（DELPHI）3.1 版、3.2 版柴油不带存储器。可用 BDM100 和柴油电脑板刷写。

（3）ST 法意公司 GT

不带只读存储器，有码片。博世二代、三代、四代。ST10F275/276/273。可用 XP 编程器和 VVDI 刷写。

（4）瑞萨 CPU

用于挖掘机、日产汽车、丰田、日本电装（DENSO），柴油共轨，共有 256 脚。

第二节 英飞凌 CPU（SAK-TC1767-256F80HL）

英飞凌 CPU（SAK-TC1767-256F80HL）实物图如图 16-1 所示。

1.英飞凌CPU（SAK-TC1767-256F80HL）介绍

❶ CPU 是 32 位。

❷ 单周期指令的 32 位外设控制处理器（PCP2）。

8kB 的参数存储器（PRAM），16kB 程序存储器（CMEM）。

❸ 多个片上存储器：

※ 72B 数据存储器（LDRAM）；

图 16-1

※ 24kB 的代码暂存器（SPRAM）；

※ 2MB 的闪存程序存储器（PFLASH）；

※ 64kB 数据闪存（DFLASH，代表 16B EEPROM）；

※ 指令缓存：高达 8B（ICACHE，可配置）；

※ 数据缓存：多达 4B（DCACHE，可配置）；

※ 8kB 的内存覆盖（OVRAM）；

※ 16kB 的 BootROM（BROM）。

❹ 通信：

※ 一个 MultiCAN 模块，带 2 个 CAN 节点和 64 个自由分配的消息对象，高效率的数据通过 FIFO 缓冲和网关数据传输处理；

※ 一个通用定时器阵列模块（GPTA）额外的本地定时器单元阵列（LTCA2）提供了一套功能强大的数字信号滤波和定时器，实现自主和复杂的输入 / 输出管理。

❺ 电源：

※ 1.5V 内核供电电压；

※ 3.3V 的 I/O 电压。

2. 英飞凌CPU（SAK-TC1767-256F80HL）引脚定义（图16-2）

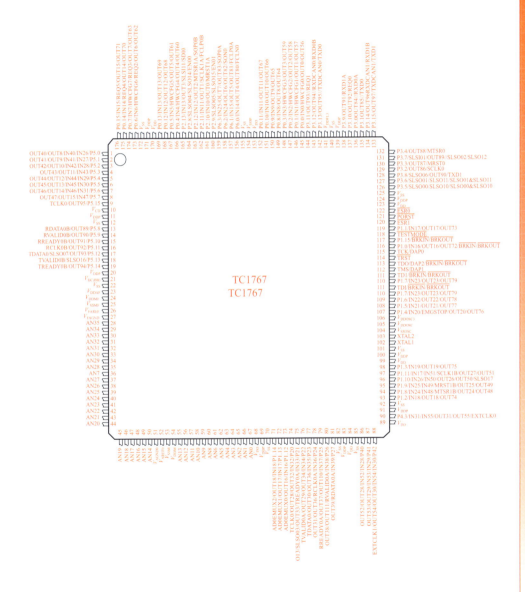

图 16-2

3. 英飞凌CPU（SAK-TC1767-256F80HL）引脚说明（表16-1）

表 16-1

引脚	符号	CTRL	类型	功能
67	AN0	I	D	模拟输入 0
66	AN1	I	D	模拟输入 1
65	AN2	I	D	模拟输入 2
64	AN3	I	D	模拟输入 3
63	AN4	I	D	模拟输入 4
62	AN5	I	D	模拟输入 5
61	AN6	I	D	模拟输入 6
36	AN7	I	D	模拟输入 7
60	AN8	I	D	模拟输入 8
59	AN9	I	D	模拟输入 9
58	AN10	I	D	模拟输入 10
57	AN11	I	D	模拟输入 11
56	AN12	I	D	模拟输入 12
55	AN13	I	D	模拟输入 13
50	AN14	I	D	模拟输入 14
49	AN15	I	D	模拟输入 15
48	AN16	I	D	模拟输入 16
47	AN17	I	D	模拟输入 17
46	AN18	I	D	模拟输入 18
45	AN19	I	D	模拟输入 19
44	AN20	I	D	模拟输入 20
43	AN21	I	D	模拟输入 21

续表

引脚	符号	CTRL	类型	功能
42	AN22	I	D	模拟输入 22
41	AN23	I	D	模拟输入 23
40	AN24	I	D	模拟输入 24
39	AN25	I	D	模拟输入 25
38	AN26	I	D	模拟输入 26
37	AN27	I	D	模拟输入 27
35	AN28	I	D	模拟输入 28
34	AN29	I	D	模拟输入 29
33	AN30	I	D	模拟输入 30
32	AN31	I	D	模拟输入 31
31	AN32	I	D	模拟输入 32
30	AN33	I	D	模拟输入 33
29	AN34	I	D	模拟输入 34
28	AN35	I	D	模拟输入 35
54	V_{DDM}	—	—	ADC 的模拟部分供电（3.3～5V）
53	V_{SSM}	—	—	ADC 模拟部分地
52	V_{AREF0}	—	—	ADC0 参考电压
	V_{AREF1}	—	—	ADC1 参考电压
51	V_{AGND0}	—	—	ADC 参考地
24	V_{DDMF}	—	—	FADC 模拟部分供电（3.3V）
23	V_{DDAF}	—	—	FADC 模拟部分逻辑电源（1.5V）
25	V_{SSMF}	—	—	FADC 模拟部分地
	V_{SSAF}	—	—	FADC 模拟部分地

续表

引脚	符号	CTRL	类型	功能
26	V_{FAREF}	—	—	FADC 参考电压
27	V_{FAGND}	—	—	FADC 参考地
10 21 68 84 89 99 123 153 170	V_{DD}	—	—	数字内核电源（1.5V）
11 20 69 83 91 100 124 139 154 171	V_{DDP}	—	—	端口供电（3.3V）
12 22 70 82 85 92 101 125 140 155 172	V_{SS}	—	—	数字地
105	V_{DDOSC}	—	—	主振荡器和 PLL 电源（1.5V）
106	V_{DDOSC3}	—	—	主振荡器电源 (3.3V)
104	V_{SSOSC}	—	—	主振荡器和 PLL 地面
141	V_{DDFL3}	—	—	电源供应器为 Flash（3.3V）

续表

引脚	符号	CTRL	类型	功能
102	XTAL1	I		主振荡器输入
103	XTAL2	O		主振荡器输出
111	TDI	I	A2/PU	JTAG 串行数据输入
	BRKIN	I		OCDS 中断输入线
	BRKOUT	O		OCDS 中断输出线
112	TMS	I	A2/PD	JTAG 状态机控制输入
	DAP1	I/O		设备访问端口 1 号线
113	TDO	I/O	A2/PU	JTAG 串行数据输出
	DAP2	I/O		设备访问端口 2 号线
	BRKIN	I		OCDS 中断输入线
	BRKOUT	O		OCDS 中断输出线
114	TRST	I	A1/PD	JTAG 复位输入
115	TCK	I	A1/PD	JTAG 时钟输入
	DAP0	I		设备访问端口线路 0
118	TESTMODE	I	PU	测试模式选择输入
120	ESR1	I/O	A2/PD	外部系统请求复位输入 1
121	PORST	I	PD	上电复位输入
122	ESR0	I/O	A2	外部系统请求复位输入 0

第三节 飞思卡尔CPU(9S12XET256MAL)

MC9S12XE 系列是标准的片上外设，包括高达 64kB 的 RAM、8 异步串行通信接口（SCI）、三个串行外设接口（SPI）、一个 8 通道

IC/OC 增强型捕捉定时器（ECT）、两个 16 通道 12 位模拟 - 数字转换器、8 元通道脉冲宽度调制器（PWM）、网络连接 CAN 2.0A/B 软件兼容模块（MSCAN12）、2 个内部 IIC 总线模块、一个 8 信道的 24 位周期中断定时器（PIT）和一个 8 通道的 16 位标准定时器模块（TIM）。

1. 飞思卡尔 CPU（9S12XET256MAL）引脚定义（图 16-3）

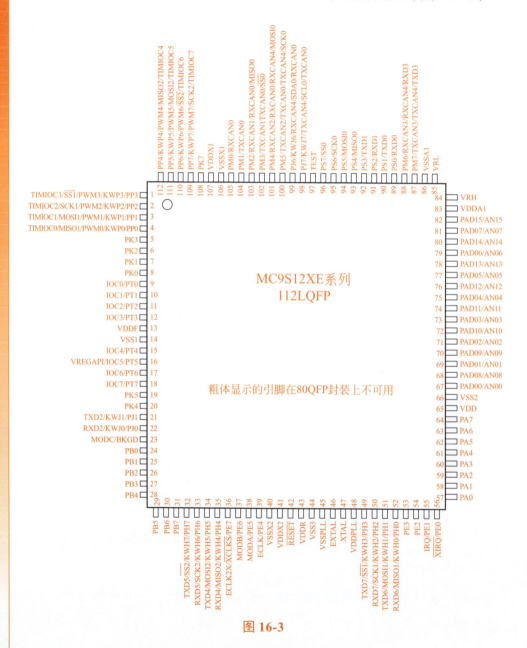

图 16-3

2.飞思卡尔CPU（9S12XET256MAL）引脚说明（表16-2）

表 16-2

符号	公称电压	描述
VDDR	5.0V	外接电源内部电压调节器
VDDX [7：1]	5.0V	外部电源和地，供应到引脚驱动器
VSSX [7：1]	0V	
VDDA2 VDDA1	5.0V	工作电压和接地的模拟 - 数字转换器和引用的内部电压调节器，允许电源电压的 A/D 转换为独立旁路
VSSA2 VSSA1	0V	
VRL	0V	基准电压的模拟 - 数字转换器
VRH	5.0V	
VDD	1.8V	内部电源线和地线所产生的内部调节器的内部核心
VSS1 VSS2 VSS3	0V	
VDDF	2.8V	内部电源线和地线所产生的内部调节器的内部非易失性存储器

下篇

典型汽车电脑板维修
实战与案例

第十七章

德尔福 MT22.1 发动机电脑板

该电脑板用于长安逸动、长安悦翔、一汽佳宝、长安欧诺、吉利全球鹰、中兴皮卡、比亚迪 L3、吉利帝豪、金杯海狮、东风风光、东风小康、奇瑞 QQ、江淮瑞风、长丰猎豹、北汽幻速等车型。如图 17-1 所示。

(a) 正面

(b) 反面

图 17-1

第一节　端子图、电脑板内部标注与端子定义

1. 端子图（图 17-2）

```
 4    5   24 23 22 21 20 19 18 17 16 15 14 13 12 11 10  9  8  7  6
     3    43 42 41 40 39 38 37 36 35 34 33 32 31 30 29 28 27 26 25
          62 61 60 59 58 57 56 55 54 53 52 51 50 49 48 47 46 45 44
 1    2   81 80 79 78 77 76 75 74 73 72 71 70 69 68 67 66 65 64 63
```

图 17-2

2. 电脑板内部标注（图 17-3）

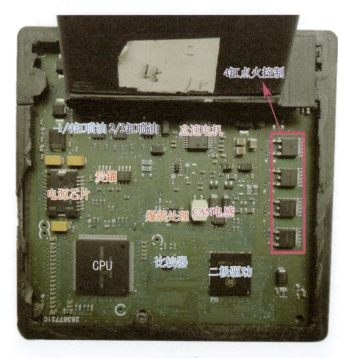

(a) 正面

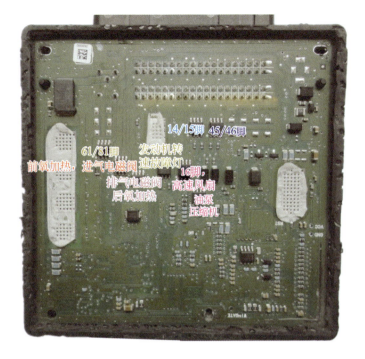

(b) 反面

图 17-3

3.端子定义（表17-1）

表 17-1

ECU 引脚号	ECU 引脚功能名称	ECU 引脚号	ECU 引脚功能名称
1	3缸点火线圈驱动	10	空调压缩机继电器驱动
2	接地	11	曲轴信号
3	接地	12	维修指示灯
4	1缸点火线圈驱动	13	可变进气歧管电磁阀
5	主继电器控制供电	14	空脚
6	一缸喷油器	15	空脚
7	二缸喷油器	16	空脚
8	三缸喷油器	17	高速风扇继电器
9	油泵继电器	18	发动机转速信号至仪表

续表

ECU 引脚号	ECU 引脚功能名称	ECU 引脚号	ECU 引脚功能名称
19	故障灯	46	空脚
20	急速步进电机 A	47	前氧传感器信号
21	急速步进电机 B	48	后氧传感器信号
22	排气 OCU 电磁阀	49	水温传感器信号
23	后氧传感器加热控制	50	空脚
24	前氧传感器加热控制	51	车速信号
25	4 缸喷油器	52	水温传感器地
26	空脚	53	空脚
27	节气门位置传感器信号	54	进气压力传感器信号
28	空脚	55	空脚
29	空脚	56	空脚
30	曲轴位置信号 +	57	空脚
31	空脚	58	排气凸轮轴位置信号
32	空脚	59	空脚
33	空脚	60	空脚
34	空脚	61	空脚
35	空脚	62	4 缸点火线圈驱动
36	空脚	63	空脚
37	爆震传感器信号	64	炭罐电磁阀
38	CAN-L	65	低速风扇继电器
39	CAN-H	66	空脚
40	空脚	67	主电源
41	急速步进电机 C	68	点火开关
42	急速步进电机 D	69	空脚
43	进气 OCU 电磁阀	70	节气门位置传感器电源
44	主继电器控制	71	进气温度传感器信号
45	空脚	72	空脚

续表

ECU 引脚号	ECU 引脚功能名称	ECU 引脚号	ECU 引脚功能名称
73	氧传感器信号地	78	空脚
74	节气门位置传感器负	79	空调控制器请求信号
75	诊断通信线	80	空脚
76	压力传感器地线	81	2缸点火线圈驱动
77	进气凸轮轴位置信号		

第二节 芯片的作用

芯片 1 电源芯片 TLE44716

电源芯片 TLE44716 实物如图 17-4 所示。

图 17-4

该电源芯片，3脚为常电源输入11.7V，2脚为常电源输出，其中17脚为5V电源输出，17脚为传感器提供5V电源。常电源、点火开关及主继电器控制电路之间的关系如图17-5所示。

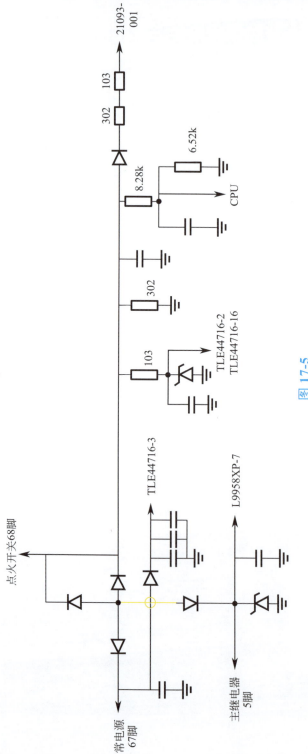

图 17-5

芯片 2 喷油芯片 2N06L65

喷油芯片 2N06L65 实物如图 17-6 所示。

图 17-6

该喷油芯片型号为 2N06L65，左边控制 1、4 缸，右边控制 2、3 缸。喷油器驱动控制电路如图 17-7 所示。

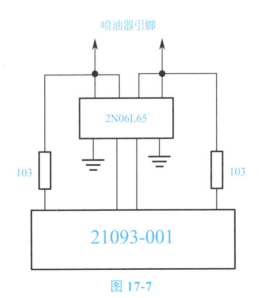

图 17-7

芯片 3 点火驱动芯片 DD32BZ

点火驱动芯片 DD32BZ 实物如图 17-8 所示。

图 17-8

该点火驱动芯片为场效应管，图 17-8 中的 4 个场效应管分别控制一个缸。其中有散热板的一面直接与电脑板引脚相连，驱动点火线圈；下面两脚中，左边脚为控制脚，右边脚与搭铁相连。如图 17-9 所示。

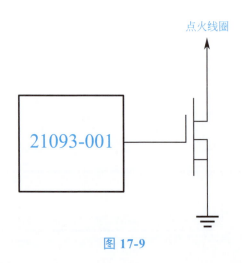

图 17-9

芯片 4 怠速驱动芯片 L9958XP

怠速驱动芯片 L9958XP 实物如图 17-10 所示。

图 17-10

该驱动芯片共 24 个引脚，其中 9 脚直接与电脑板 21 脚相连，16 脚直接与电脑板 20 脚相连，从而驱动电机工作。单独测量 9 脚电压为 1.86V，7 脚直接由主继电器供电（11.8V），21 脚由电源芯片直接供电。

怠速驱动芯片 L9958XP 引脚功能见表 17-2。

表 17-2

引脚	名称	描述
1、2、12、13、14、23、24	北卡罗来纳州	没有连接
3	SO	串行输出
4	VDDIO	电源电压 SPI

续表

引脚	名称	描述
5	CS	芯片选择
6	CP	电源电压 SPI
7	VS	电源电压
8	DIR	方向输入
9	OUT1	输出 1
10	DI	关闭
11	保护地	电源地
15	EN	启用
16	OUT2	输出 2
17	PWM	PWM 输入
18	REXT	外部参考电阻器
19	SI	串行输入
20	SCK	SPI 时钟
21	VDD	电源电压
22	GND	地

电机控制线路如图 17-11 所示。

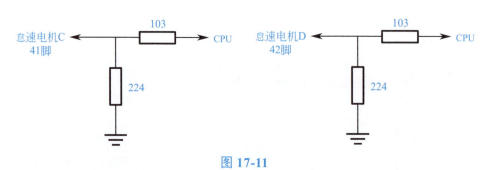

图 17-11

第三节　CAN 通信与 K 线通信

1. CAN通信

如图 17-12 所示，该通信方式是先经过防雷二极管，经过终端电阻、CAN 滤波电感，然后到驱动芯片（该芯片内集成 CAN 通信芯片），最后到 CPU。具体电路走势如图 17-13 所示。

图 17-12

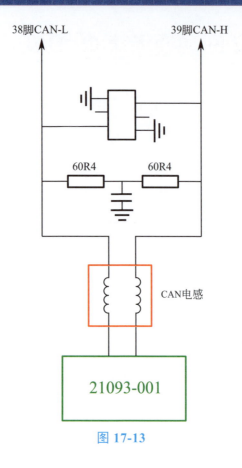

图 17-13

2. K线通信

K线通信的电路走势如图 17-14 所示。

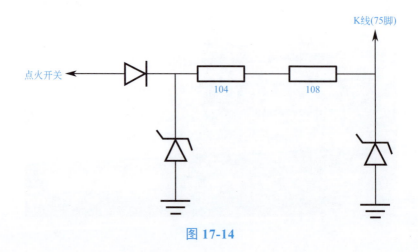

图 17-14

第四节　双 N 沟道场管 Q4946A

如图 17-15 所示，该主板有 9 个双 N 沟道场管，其引脚定义如图 17-16 所示。

图 17-15

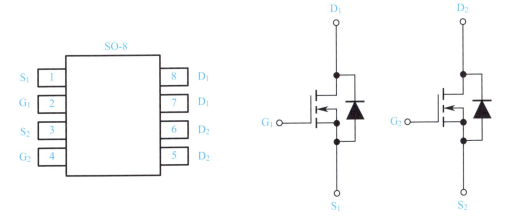

图 17-16

该双场效应管（Q4946A）有两路输出控制对应的执行器（油泵继电器、主继电器、高低速风扇、进排气可变凸轮电磁阀等），有两个脚与主板搭铁，另外两路控制信号由 21093-001 驱动芯片来驱动。如图 17-17 所示。

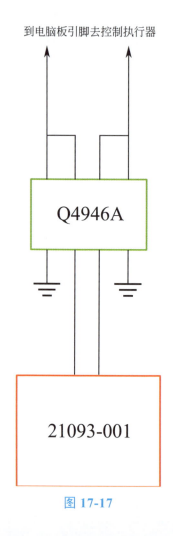

图 17-17

第五节 传感器控制电路

电路 1  曲轴位置传感器信号电路

如图 17-18 所示。

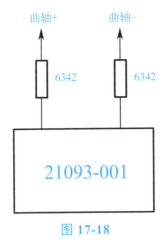

图 17-18

电路 2 进气凸轮轴位置传感器信号电路

如图 17-19 所示。

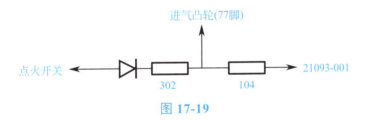

图 17-19

电路 3 水温传感器信号电路

如图 17-20 所示。

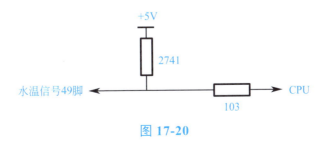

图 17-20

电路 4  进气压力传感器信号电路

如图 17-21 所示。

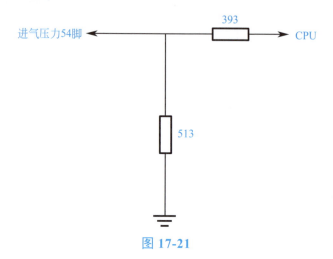

图 17-21

电路 5  节气门位置传感器信号电路

如图 17-22 所示。

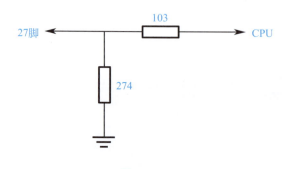

图 17-22

电路 6 前氧传感器信号电路

如图 17-23 所示。

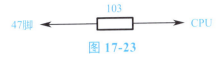

图 17-23

电路 7 后氧传感器信号电路

如图 17-24 所示。

图 17-24

电路 8 爆震传感器信号电路

如图 17-25 所示。

(a)

图 17-25

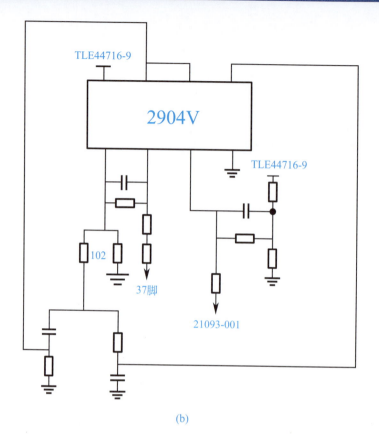

(b)

图 17-25

第十八章

德尔福 MT80 发动机电脑板

如图 18-1 所示,该电脑板用于江淮瑞风、金杯海狮、中华骏捷、别克凯越、吉利远景、长城腾翼、吉利金刚、雪佛兰乐骋、上海英伦、吉利帝豪、长城哈弗等车型。

(a) 正面

(b) 反面

图 18-1

第一节　端子图、电脑板内部标注与端子定义

1. 端子图（图18-2）

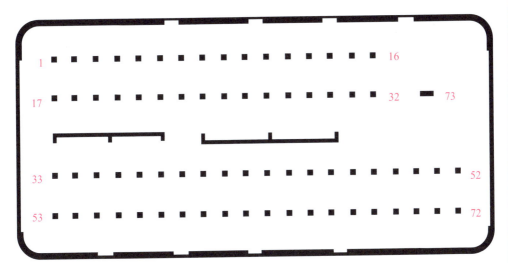

黑色插头(C)

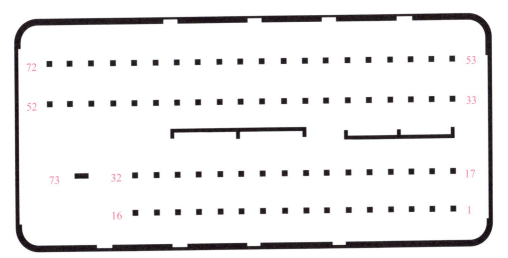

灰色插头(E)

图 18-2

2. 电脑板内部标注（图18-3）

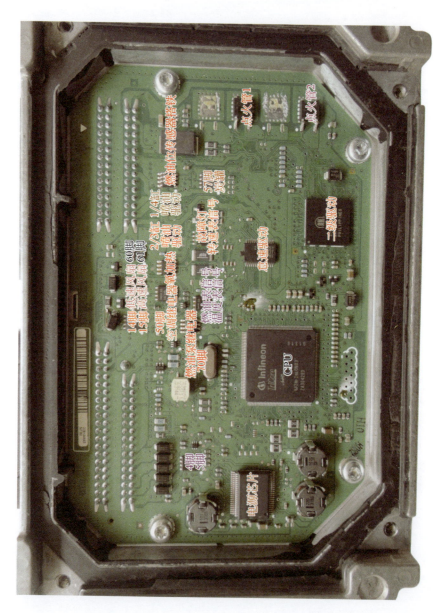

图 18-3

3.端子定义（表18-1）

表 18-1

ECU端子号	ECU端子功能名称	ECU端子号	ECU端子功能名称
C1	蓄电池正极	C22	喷油器1和2点火电压
C2	空	C23	空
C3	点火开关电压	C24	空
C4	空	C25	空调压力传感器信号
C5	空	C26	空
C6	喷油器1和2点火电压	C27	空
C7	空	C28	空
C8	空	C29	空
C9	空	C30	后加热型氧传感器高位信号
C10	空	C31	空
C11	空	C32	转速器控制模块CAN高电平信号
C12	空	C33	空
C13	转速表信号	C34	空
C14	空	C35	空
C15	空	C36	空
C16	转速器控制模块CAN低电平信号	C37	后加热型氧传感器低位信号
C17	空	C38	5V参考电压
C18	空	C39	空调压力传感器搭铁
C19	空	C40	空
C20	空	C41	车速传感器
C21	空	C42	空

续表

ECU端子号	ECU端子功能名称	ECU端子号	ECU端子功能名称
C43	空	C67	冷却风扇低转速继电器信号
C44	空	C68	温度表信号
C45	电子制动控制模块信号	C69	空
C46	后加热型氧传感器搭铁	C70	空
C47	空	C71	燃油泵继电器参考电压
C48	故障指示灯/警告灯	C72	阻断器串行数据
C49	燃油位信号	C73	搭铁
C50	空	E1	电子点火系统信号A
C51	空调压缩机继电器信号	E2	前加热型氧传感器低位信号
C52	燃油表信号	E3	节气门位置传感器低电平参考电压
C53	空	E4	5V参考电压
C54	空	E5	空
C55	空	E6	5V参考电压
C56	空	E7	空
C57	空	E8	空
C58	空	E9	进气温度传感器高位信号
C59	燃油位传感器搭铁	E10	前加热型氧传感器高位信号
C60	空	E11	空
C61	空	E12	爆震传感器信号
C62	主继电器控制信号	E13	空
C63	空	E14	前加热型氧传感器搭铁
C64	空	E15	空
C65	空调控制开关信号	E16	空
C66	冷却风扇高转速继电器信号	E17	电子点火系统信号B

续表

ECU 端子号	ECU 端子功能名称	ECU 端子号	ECU 端子功能名称
E18	进气歧管绝对压力传感器搭铁	E39	空
E19	空	E40	空
E20	曲轴位置低参考电压信号	E41	空
E21	曲轴位置高参考电压信号	E42	空
E22	空	E43	空
E23	5V 参考电压	E44	空
E24	低电平参考电压	E45	空
E25	空	E46	空
E26	空	E47	怠速空气控制 B 高位信号
E27	进气歧管绝对压力传感器信号	E48	空
E28	爆震传感器搭铁	E49	空
E29	发动机冷却液温度传感器高位信号	E50	空
E30	空	E51	空
E31	空	E52	空
E32	空	E53	空
E33	空	E54	空
E34	线性排气再循环搭铁	E55	空
E35	空	E56	凸轮轴位置传感器信号
E36	空	E57	蒸汽排放炭罐清污电磁阀信号
E37	线性排气再循环信号	E58	空
E38	节气门位置传感器信号	E59	排气再循环低位控制信号

续表

ECU 端子号	ECU 端子功能名称	ECU 端子号	ECU 端子功能名称
E60	急速空气控制 B 低位信号	E67	急速空气控制 A 高位信号
E61	急速空气控制 A 低位信号	E68	空
E62	空	E69	空
E63	喷油器 2 信号	E70	空
E64	喷油器 3 信号	E71	空
E65	喷油器 1 信号	E72	空
E66	喷油器 4 信号	E73	空

第二节　芯片的作用

芯片 1　电源芯片 20845-004

如图 18-4 所示，该电源芯片共 44 个脚，其中芯片 30 脚由点火开关（3 脚）提供 3.3V 启动电压，39 脚由常电源（1 脚）提供 11.6V 电压；常电源（1 脚）还经过电感线圈供给电源芯片 1 脚、11 脚、23 脚、36 脚 11.5V 的电压；33 脚和 35 脚给传感器提供 5V 电源；该电源芯片 6 脚输出 3.3V 电压给 ECU 供电，14 脚输出 1.67V 电压供给 ECU，38 脚输出为 5V 电源。

图 18-4

芯片 2 点火驱动芯片 FD007CR

如图 18-5 所示，该电脑板点火方式为双缸同时点火，1、4 缸一个场管，2、3 缸一个场管，若出现点火故障直接更换场管。点火场管直接通过 21093-001 来控制，由场管分别控制 1、4 缸和 2、3 缸。

图 18-5

芯片 3 喷油驱动芯片 2N06L35

如图 18-6 所示，左边驱动芯片控制 2、3 缸，右边驱动芯片控制 1、4 缸。若出现喷油信号不正确时首先更换这两个芯片。喷油驱动控制极由 21093-001 来驱动。如图 18-7 所示。

图 18-6

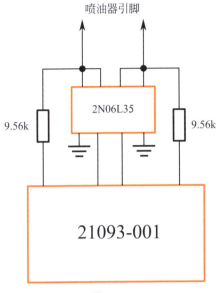

图 18-7

芯片 4　怠速控制芯片 28086451

如图 18-8 所示，该怠速电机为四线，驱动与 MT22.1 电脑怠速控制一样，通过该芯片来控制怠速电机高位，低位由 CPU 来控制。

图 18-8

第三节　传感器控制电路

电路 1　主继电器控制电路

主继电器控制电路如图18-9所示。

(a)

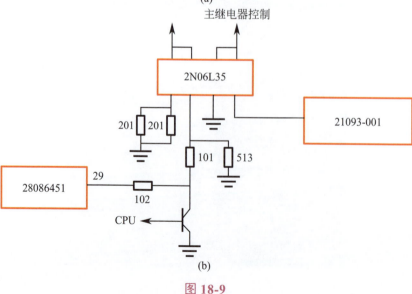

(b)

图 18-9

电路 2 前氧传感器加热控制电路

如图 18-10（a）中两个 R20F 为取样电阻，其阻值为 0.2Ω。其中左边反馈后氧传感器信号，右边反馈前氧传感器信号。前氧传感器加热控制电路如图 18-11 所示。

(a) 正面

(b) 反面

图 18-10

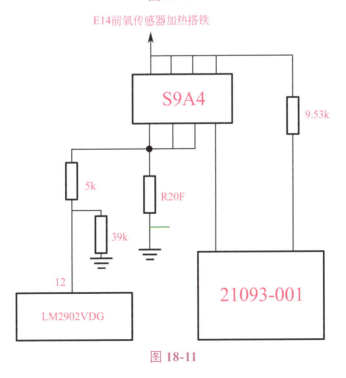

图 18-11

电路 3 油泵继电器控制电路

如图 18-12 所示，该油泵继电器由三个三极管来控制，具体电路控制如图 18-13 所示。

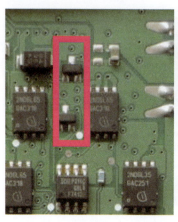
(a) 正面

(b) 反面

图 18-12

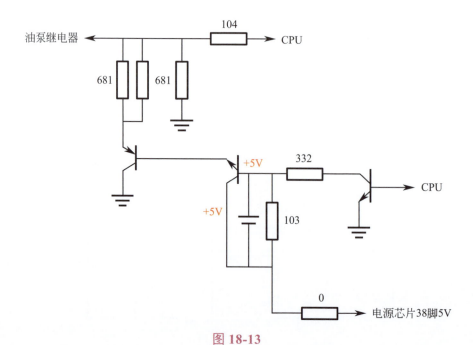

图 18-13

电路 4  曲轴位置传感器信号控制电路

如图 18-14 所示。

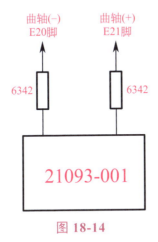

图 18-14

电路 5  爆震传感器控制电路

如图 18-15 所示。

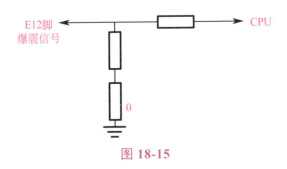

图 18-15

电路 6  节气门位置传感器控制电路

如图 18-16 所示。

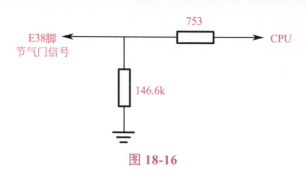

图 18-16

电路 7 进气压力传感器控制电路

如图 18-17 所示。

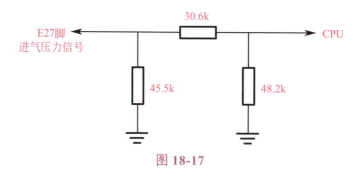

图 18-17

电路 8 凸轮轴位置传感器控制电路

如图 18-18 所示。

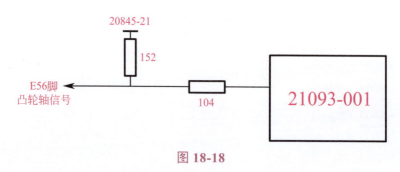

图 18-18

电路 9  前氧传感器高位信号控制电路

如图 18-19 所示。

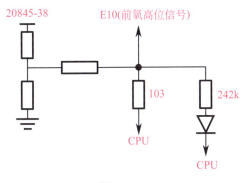

图 18-19

第四节 数据刷写流程

第一步：打开软件，这里我们以 VVDI 为例讲解 MT80 发动机电脑板数据读取流程，首先选择发动机电脑（图 18-20）。

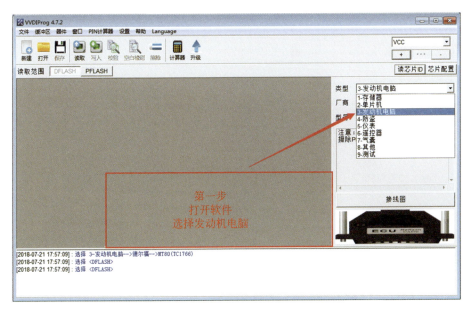

图 18-20

第二步：选择厂商，这里选择德尔福（MT80 电脑板属于德尔福系统）（图 18-21）。

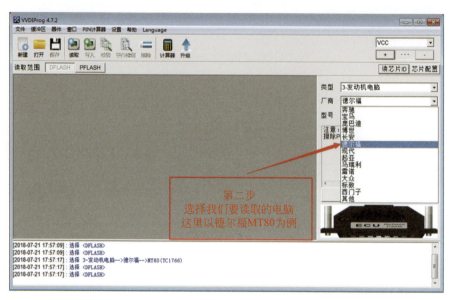

图 18-21

第三步：根据 CPU 的型号选取对应的型号，掩码要相对应（图 18-22）。

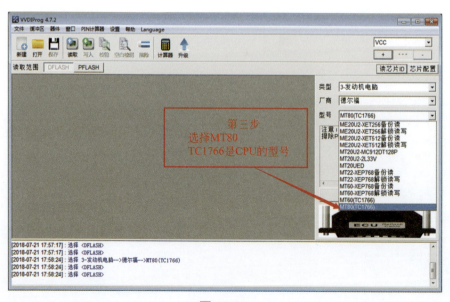

图 18-22

🎵 **第四步**：点击接线图，如图 18-23 所示。

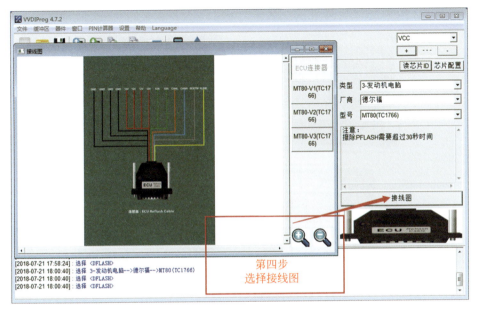

图 18-23

🎵 **第五步**：接线前注意选取对应的适配器。这里选取标注"ECU"的适配器（图 18-24）。

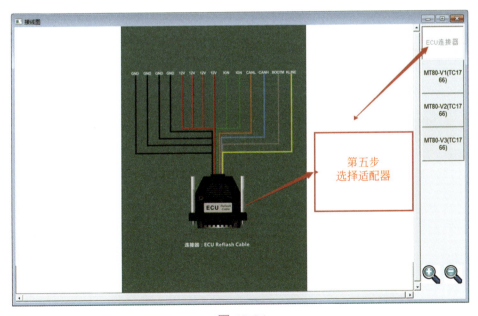

图 18-24

🎵 **第六步**：根据接线图进行接线（注意：有些需要拆卸元器件，有些需要短接，里面需要短接来读取）（图18-25）。

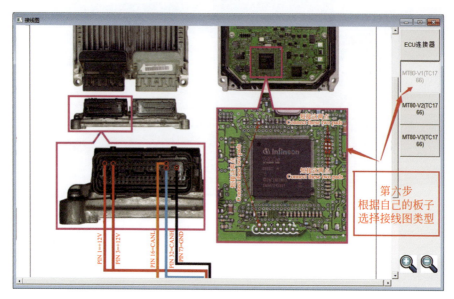

图 18-25

🎵 **第七到九步**：接线完成后，最好是给 VVDI 外接 12V 的电源。然后按照图 18-26 所示步骤操作，读取 DFLASH 中的数据。

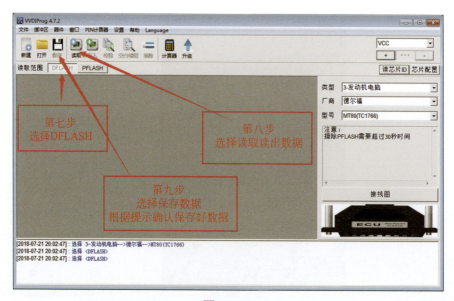

图 18-26

第十到十二步：按照图 18-27 所示步骤操作，读取 PFLASH 中的数据，数据就读取完成了。

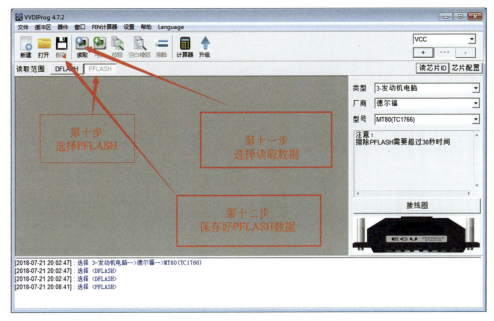

图 18-27

第十九章

博世 M7（小乌龟）发动机电脑板

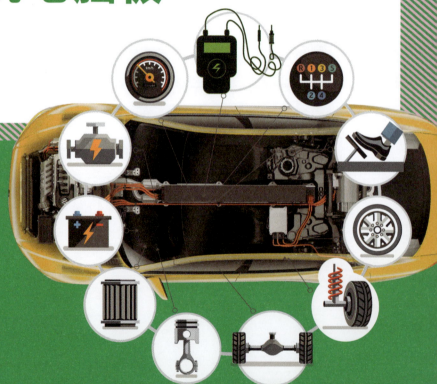

如图 19-1 所示，该电脑板用于吉利自由舰、长安悦翔、比亚迪 S6、长安之星、江淮和悦、海马福美来、北斗星、上海通用五菱、东南菱悦 V3、五菱之光等车型。

图 19-1　正面

第一节　端子图、电脑板内部标注与端子定义

1.端子图（图 19-2）

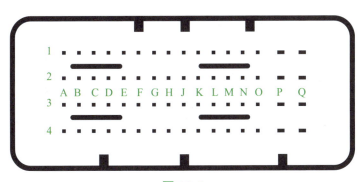

图 19-2

2. 电脑板内部标注（图19-3）

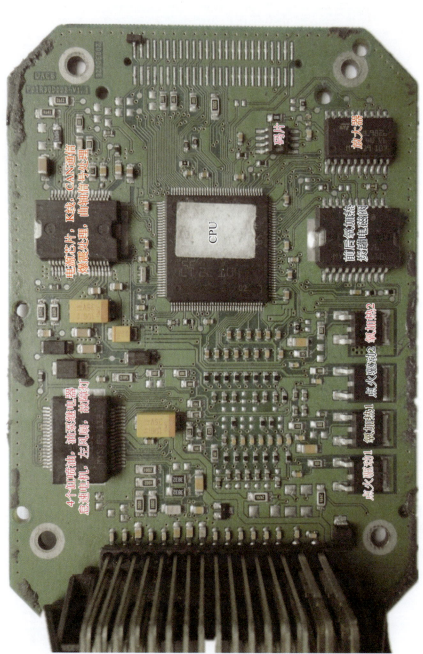

图19-3 正面

3.端子定义（表 19-1）

表 19-1

ECU 端子号	ECU 端子功能名称	ECU 端子号	ECU 端子功能名称
1	空	31	爆震传感器 B
2	上游氧传感器	32	主继电器信号
3	点火线圈 1	33	空
4	下游氧传感器	34	空
5	接地	35	步进电机相位 C
6	空	36	步进电机相位 D
7	点火线圈 2	37	炭罐电磁阀
8	主继电器电源	38	空
9	发动机转速输出	39	传感器地 1
10	空	40	传感器地 2
11	空	41	发动机冷却温度传感器
12	助力转向	42	相位传感器
13	空	43	电子地
14	空	44	空调控制器输入
15	诊断 K 线	45	上游氧传感器
16	电源	46	空
17	点火开关	47	发动机转速传感器 A 端
18	发动机转速传感器 B 端	48	功率地
19	5V 电源 1	49	喷油嘴 2
20	MIL 灯	50	喷油嘴 1
21	步进电机相位 B	51	非持续电源
22	步进电机相位 A	52	冷却风扇继电器
23	空	53	空
24	大灯、鼓风机、后除霜	54	空
25	进气温度传感器	55	空
26	节气门位置传感器	56	空
27	空	57	车速信号
28	空	58	空
29	下游氧传感器	59	进气压力传感器
30	爆震传感器 A	60	油泵继电器

ECU 端子号	ECU 端子功能名称	ECU 端子号	ECU 端子功能名称
61	输出到空调继电器	63	喷油嘴 4
62	空	64	喷油嘴 3

第二节　芯片的作用

芯片 1　电源芯片 L05173

如图 19-4 所示，该电源芯片共有 36 个脚，在博世很多电脑板上采用该芯片。该芯片集成 A/D（可对爆震信号和曲轴信号进行处理）、K 线诊断、CAN 通信芯片的功能，属于易损芯片。15 脚、16 脚、18 脚为 5V 电源输出脚，15 脚产生的 5V 电源给主板供电，16 脚、18 脚的 5V 电源为传感器供电。

图 19-4

芯片 2 喷油驱动芯片 L05172

如图 19-5 所示,该芯片负责控制 4 个缸喷油、油泵继电器、怠速电机、左风扇继电器和故障指示灯。引脚直接与芯片连通,该芯片为易损芯片。

图 19-5

芯片 3 驱动芯片 L9651

如图 19-6 所示,该芯片控制前后氧传感器加热、炭罐电磁阀。其引脚连接如图 19-7 所示,引脚定义见表 19-2。

图 19-6

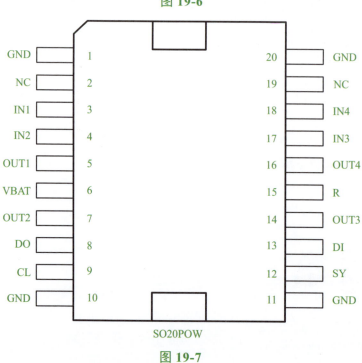

图 19-7

表 19-2

引脚号	引脚名称	功能
1、10、11、20	GND	地
2、19	NC	没有连接
3	IN1	输入 1
4	IN2	输入 2
5	OUT1	输出 1
6	VBAT	电源电压
7	OUT2	输出 2
8	DO	串行数据输出
9	CL	时钟
12	SY	同步
13	DI	串行数据输入
14	OUT3	输出 3
15	R	复位
16	OUT4	输出 4
17	IN3	输入 3
18	IN4	输入 4

驱动芯片 L9826

如图 19-8 所示，该芯片控制右侧风扇和仪表转速信号。其引脚连接如图 19-9 所示，引脚定义见表 19-3。

图 19-8

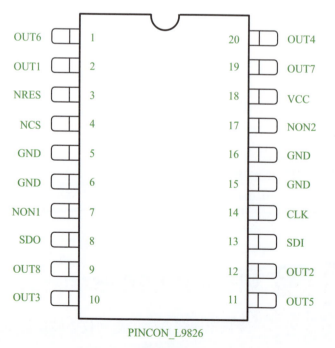

PINCON_L9826

图 19-9

表 19-3

引脚号	引脚名称	功能
1	OUT6	输出 6
2	OUT1	输出 1
3	NRES	异步复位
4	NCS	片选（低电平有效）
5	GND	接地装置
6	GND	接地装置
7	NON1	控制输入 1
8	SDO	串行数据输出
9	OUT8	输出 8
10	OUT3	输出 3
11	OUT5	输出 5
12	OUT2	输出 2
13	SDI	串行数据输入
14	CLK	串行时钟
15	GND	接地装置
16	GND	接地装置
17	NON2	控制输入 2
18	VCC	电源电压
19	OUT7	输出 7
20	OUT4	输出 4

码片 95080

码片 95080 实物如图 19-10 所示。

图 19-10

1. 引脚连接（图 19-11）

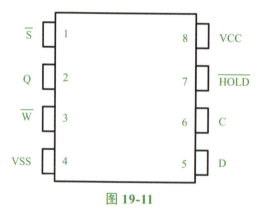

图 19-11

2. 引脚定义（表 19-4）

表 19-4

引脚名称	功能
C	串行时钟
D	串行数据输入
Q	串行数据输出
$\overline{S}$	芯片选择
$\overline{W}$	写保护
$\overline{HOLD}$	保持
VCC	电源电压
VSS	地

第三节　点火驱动管与氧传感器驱动管

1. 点火驱动管

如图 19-12 所示，该点火系统为双缸同时点火，即一个场管控制两列气缸点火，图 19-11 中画方框的场管就是点火驱动管。控制电路如图 19-13 所示。

图 19-12

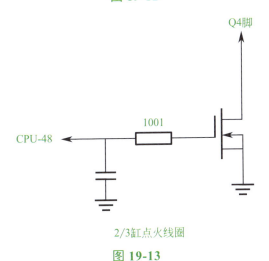

2/3缸点火线圈

图 19-13

2. 氧传感器驱动管

如图 19-14 所示方框中为驱动管，其控制电路如图 19-15 所示。

图 19-14

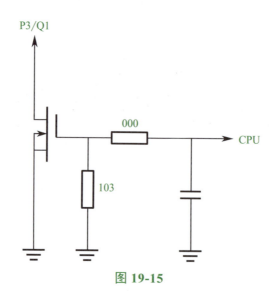

图 19-15

第四节　传感器控制电路

电路 1  常电源供电电路

如图 19-16 所示。

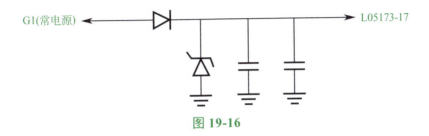

图 19-16

电路 2 受控制火线供电电路

如图 19-17 所示。

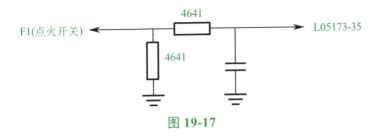

图 19-17

电路 3 主继电器供电电路

如图 19-18 所示。

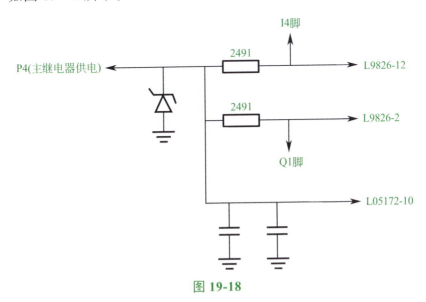

图 19-18

电路 4 诊断 K 线通信电路

如图 19-19 所示。

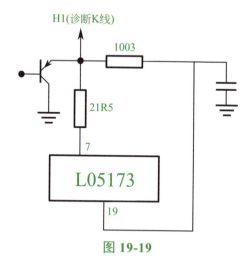

图 19-19

电路 5 CAN 总线通信电路

如图 19-20 所示。

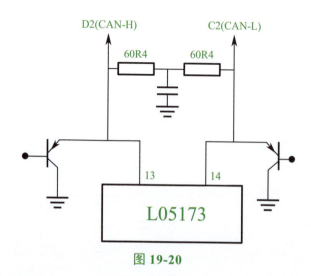

图 19-20

电路 6  曲轴信号电路

如图 19-21 所示。

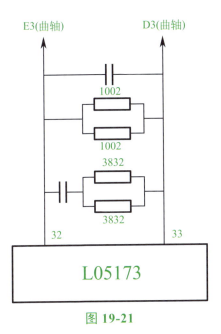

图 19-21

电路 7  凸轮轴输入信号电路

如图 19-22 所示。

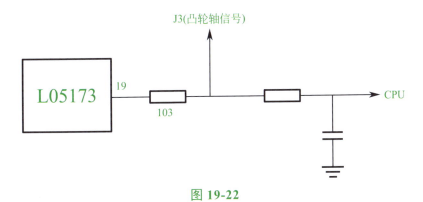

图 19-22

电路 8 进气压力输入信号电路

如图 19-23 所示。

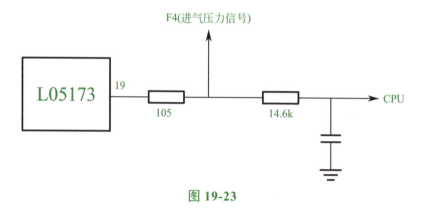

图 19-23

电路 9 节气门输入信号电路

如图 19-24 所示。

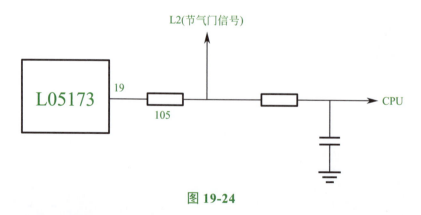

图 19-24

电路 10 空调输入信号电路

如图 19-25 所示。

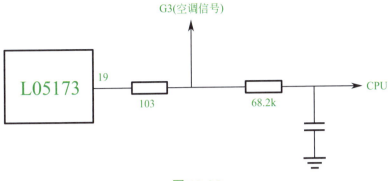

图 19-25

电路 11　冷却液输入信号电路

如图 19-26 所示。

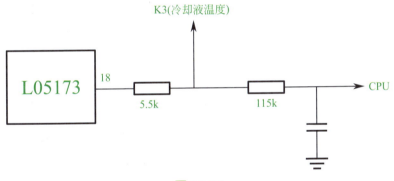

图 19-26

第二十章

博世ME7发动机电脑板

该电脑板用于长安悦翔、吉利帝豪、海马、长安 CS75、长城腾翼、奇瑞瑞虎、荣威 550 等车型（图 20-1）。

(a) 正面

(b) 反面

图 20-1

第一节 端子图、电脑板内部标注与端子定义

1.端子图（图20-2）

图20-2

2.电脑板内部标注（图20-3）

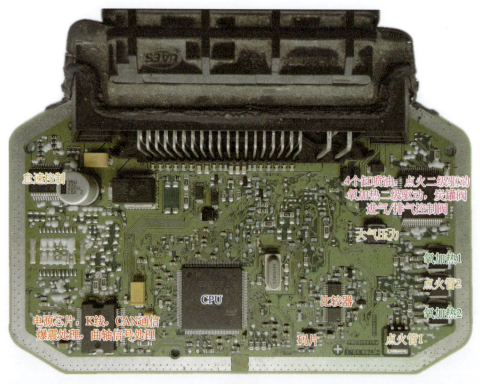

图20-3

3.端子定义（表20-1）

表 20-1

ECU 端子号	ECU 端子功能名称	ECU 端子号	ECU 端子功能名称
1	点火 4	25	可变进气歧管执行器（选用）
2	点火 2	26	上游氧传感器加热
3	点火地	27	喷油嘴 1
4	点火 3	28	下游氧传感器加热
5	点火 1	29	排气可变气门正时（选用）
6	四缸喷油器	30	电子真空泵（选用）
7	二缸喷油器	31	MIL 灯
8	发动机转速输出	32	5V 电源 2
9	车速输出	33	5V 电源 1
10	油耗输出（选用）	34	转速负（选用）
11	SVS 灯（选用）	35	传感器接地 3
12	持续电源	36	传感器接地 2
13	点火开关	37	进气压力信号
14	主继电器控制	38	节气门信号
15	转速正	39	冷却水温度信号
16	加速踏板信号	40	加速踏板信号
17	传感器接地	41	废气再循环信号（选用）
18	上游氧传感器信号	42	进气温度信号
19	爆震信号 A	43	油位信号（选用）
20	爆震信号 B	44	非持续电源
21	制动灯	45	非持续电源
22	空调温度信号（选用）	46	炭罐电磁阀
23	加速度信号（选用）	47	喷油器 3
24	可变进气歧管信号（选用）	48	进气可变正时

续表

ECU 端子号	ECU 端子功能名称	ECU 端子号	ECU 端子功能名称
49	可变进气歧管执行器（选用）	66	节气门执行器
50	风扇 1	67	节气门执行器
51	电子地	68	风扇 2
52	STARTER（选用）	69	油泵继电器
53	电子地	70	空调压缩机继电器
54	节气门信号	71	K 线通信
55	下游氧传感器信号	72	ABS 轮速信号
56	油温信号（选用）	73	防盗开关（选用）
57	空调压缩机开关	74	离合器开关
58	制动开关	75	空调开关
59	车速信号	76	电子负载 1
60	空调中压开关（选用）	77	电子负载 2
61	功率地	78	传感器接地 4
62	CAN 高（选用）	79	相位传感器
63	非持续电源	80	功率地
64	节气门执行器	81	CAN 低（选用）
65	节气门执行器		

第二节　芯片的作用

电源芯片 L05173

该电源芯片和 M7 电脑板一样，电路可参考第十九章博世 M7 电脑板相关介绍。

常电源电流走势如图 20-4 所示。

图 20-4

受控火线走势如图 20-5 所示。

图 20-5

芯片 2 喷油驱动芯片 6A930

如图 20-6 所示,该芯片为驱动芯片,具有控制 4 个缸的喷油、作为点火信号的二级驱动及氧传感加热的二级驱动、炭罐电磁阀控制、排气侧 VVT 执行器控制、进气侧 VVT 执行器控制等功能。

图 20-6

芯片 3 怠速控制芯片 L9929

如图 20-7 所示，芯片 L9929 是一个由 SPI 控制的 H 桥，主要对直流和步进电机进行控制。

图 20-7

芯片 L9929 内部构架如图 20-8 所示。

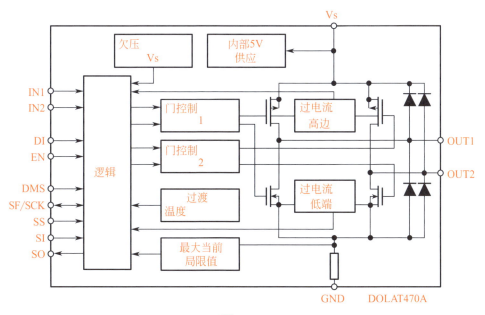

图 20-8

芯片 L9929 引脚图如图 20-9 所示，引脚注释见表 20-2。

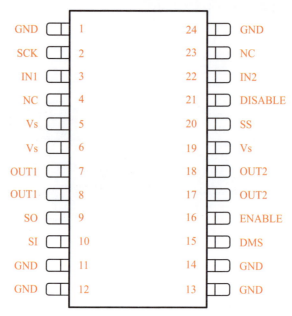

图 20-9

表 20-2

引脚号	引脚名称	功能
1	GND	地
2	SCK/SF	SPI 时钟
3	IN1	输入 1
4	NC	没有连接
5	Vs	电源电压
6	Vs	电源电压
7	OUT1	输出 1
8	OUT1	输出 1
9	SO	串行输出
10	SI	串行输入

续表

引脚号	引脚名称	功能
11	GND	地
12	GND	地
13	GND	地
14	GND	地
15	DMS	诊断模式选择（+电源电压的 SPI 接口）
16	ENABLE	启用
17	OUT2	输出 2
18	OUT2	输出 2
19	Vs	电源电压
20	SS	从机选择
21	DISABLE	关闭
22	IN2	输入 2
23	NC	没有连接
24	GND	地

芯片 4　点火驱动芯片

如图 20-10 所示，该板子点火驱动有两种形式，一种为单缸独立点火，另一种为双缸同时点火。如何区分是单缸点火还是双缸点火？若这四个场效应管型号完全相同即为单缸独立点火；若其中只有两个场效应管型号完全相同即为双缸同时点火，另外两个场效应管控制氧传感器加热用。图 20-10 中画方框的即为两个点火场效应管。

图 20-10

芯片 5  氧传感器加热控制芯片

氧传感器加热控制芯片如图 20-11 所示，其控制电路如图 20-12 所示。

图 20-11

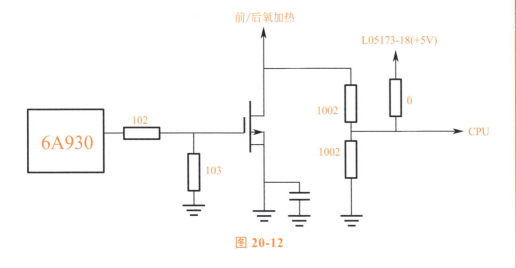

图 20-12

芯片 6　芯片 HC08 和 HC132

以芯片 HC08 为例，其实物如图 20-13 所示。

图 20-13

芯片 74HC08 引脚图如图 20-14 所示。

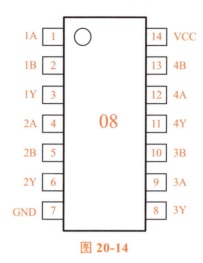

图 20-14

芯片 74HC08 逻辑图如图 20-15 所示。

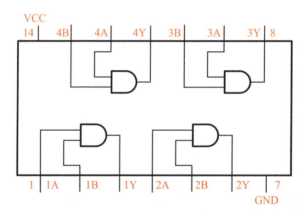

图 20-15

芯片 74HC08 真值表如表 20-3 和图 20-16 所示。

表 20-3

输入		输出
A	B	Y
L	L	L
L	H	L
H	L	L
H	H	H

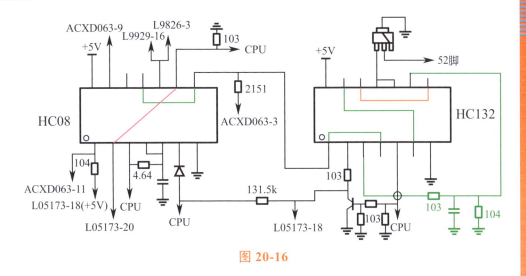

图 20-16

芯片 7 驱动芯片 L9826

驱动芯片 L9826 实物如图 20-17 所示。

图 20-17

芯片引脚定义请参考 M7 相关内容，该芯片主要用于驱动空调压缩机继电器、油泵继电器、低速风扇、高速风扇、可变进气道等。

芯片 8 放大器 LM2904D

该芯片主要起放大节气门信号的作用，如图 20-18 和图 20-19 所示。其控制电路如图 20-20 所示。

图 20-18

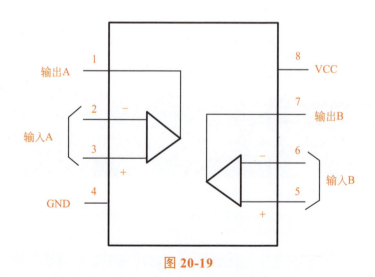

图 20-19

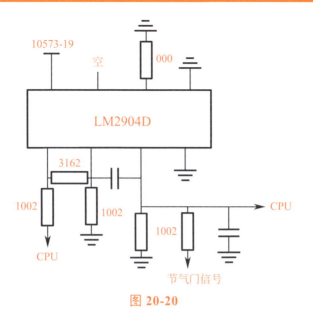

图 20-20

芯片 9 CPU（ST10F275）

CPU（ST10F275）实物如图 20-21 所示。

图 20-21

CPU（ST10F275）芯片引脚图如图 20-22 所示。

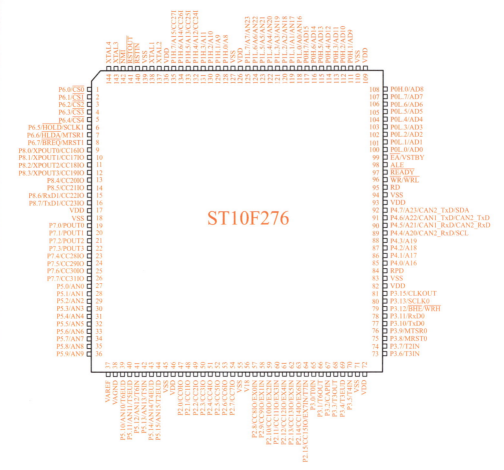

图 20-22

CPU（ST10F275）芯片引脚定义如表 20-4 所示。

表 20-4

符号	引脚	类型	功能
P6.0～P6.7	1~8	I/O	8 位双向 I/O 口，每位可编程，实现输入或输出控制
	1	O	P6.0 CS0 片选 0 输出
	……	……	……

续表

符号	引脚	类型			功能
P6.0～P6.7	5	O	P6.4	$\overline{CS4}$	芯片选择 4 输出
	6	I	P6.5	$\overline{HOLD}$	外部主保持请求输入
		I/O		SCLK1	SSC1：主时钟输出/从机输入的时钟
	7	O	P6.6	HLDA	持有确认输出
		I/O		MTSR1	SSC1：主机发送器/从机接收器 O/I
	8	O	P6.7	$\overline{BREQ}$	总线请求输出
		I/O		MRST1	SSC1：主机接收器/从机发送器 I/O
P8.0～P8.7	9～16	I/O			8 位双向 I/O 口，每位可编程，实现输入或输出控制
	9	I/O	P8.0	CC16IO	CAPCOM2：CC16 捕获输入/输出比较
		O		XPWM0	PWM1：通道 0 输出
	……	……	……	……	……
	12	I/O	P8.3	CC19IO	CAPCOM2：CC19 捕获输入/输出比较
		O		XPWM0	PWM1：通道 3 输出
	13	I/O	P8.4	CC20IO	CAPCOM2：CC20 捕获输入/输出比较
	14	I/O	P8.5	CC21IO	CAPCOM2：CC21 捕获输入/输出比较
	15	I/O	P8.6	CC22IO	CAPCOM2：CC22 捕获输入/输出比较
		I/O		RxDl	ASC1：数据输入（异步）或 I/O（同步）
	16	I/O	P8.7	CC23IO	CAPCOM2：CC23 捕获输入/输出比较
		O		TxDl	ASC1：时钟/数据输出（异步/同步）

续表

符号	引脚	类型		功能
P7.0～P7.7	19～26	I/O		8位双向 I/O 口, 每位可编程, 实现输入或输出控制
	19	O	P7.0 POUT0	PWM0: 通道 0 输出
	……	……	…… ……	……
	22	O	P7.3 POUT3	PWM0: 通道 3 输出
	23	I/O	P7.4 CC28IO	CAPCOM2: CC28 捕获输入/输出比较
	……	……	…… ……	……
	26	I/O	P7.7 CC31IO	CAPCOM2: CC31 捕获输入/输出比较
P5.0～P5.9 P5.10～P5.15	27～36 39～44	I I		16 位输入端口采用施密特触发器的特性
	39	I	P5.10 T6EUD	GPT2: 定时器 T6 外部递增/递减控制输入
	40	I	P5.11 T5EUD	GPT2: 定时器 T5 外部递增/递减控制输入
	41	I	P5.12 T6IN	GPT2: 定时器 T6 计数输入
	42	I	P5.13 T5IN	GPT2: 定时器 T5 计数输入
	43	I	P5.14 T4EUD	GPT1: 定时器 T4 外部递增/递减控制输入
	44	I	P5.15 T2EUD	GPT1: 定时器 T2 外部递增/递减控制输入
P2.0～P2.7 P2.8～P2.15	47～54 57～64	I/O		16 位双向 I/O 口, 每位可编程, 实现输入或输出控制
	47	I/O	P2.0 CC0IO	CAPCOM: CC0 捕获输入/输出比较
	……	……	…… ……	……
	54	I/O	P2.7 CC7IO	CAPCOM: CC7 捕获输入/输出比较

续表

符号	引脚	类型	功能		
P2.0～P2.7 P2.8～P2.15	57	I/O	P2.8	CC8IO	CAPCOM：CC8 捕获输入/输出比较
		I		EX0IN	快速外部中断 0 输入
	……	……	……	……	……
	64	I/O	P2.15	CC15IO	CAPCOM：CC15 捕获输入/输出比较
		I		EX7IN	快速外部中断 7 输入
		I		T7IN	CAPCOM2：定时器 T7 计数输入
P3.0～P3.5 P3.6～P3.13 P3.15	65～70 73～80 81	I/O I/O I/O	15 位（P3.14 缺失）双向 I/O 口，每位可编程，实现输入或输出控制		
	65	I	P3.0	T0IN	CAPCOM1：定时器 T0 计数输入
	66	O	P3.1	T6OUT	GPT2：定时器 T6 翻转锁存器输出
	67	I	P3.2	CAPIN	GPT2：注册 CAPREL 捕获输入
	68	O	P3.3	T3OUT	GPT1：定时器 T3 触发锁存器输出
	69	I	P3.4	T3EUD	GPT1：定时器 T3 外部递增/递减控制输入
	70	I	P3.5	T4IN	GPT1：定时器 T4 输入计数/门/重载/捕获
	73	I	P3.6	T3IN	GPT1：定时器 T3 计数/门控输入
	74	I	P3.7	T2IN	GPT1：定时器 T2 输入计数/门/重载/捕获
	75	I/O	P3.8	MRST0	SSC0：主机接收器/从机发送器 I/O
	76	I/O	P3.9	MTSR0	SSC0：主机发送器/从机接收器 O/I
	77	O	P3.10	TxD0	ASC0：时钟/数据输出（异步/同步）
	78	O	P3.11	RxD0	ASC0：数据输入（异步）或 I/O（同步）
	79	O	P3.12	$\overline{BHE}$	外部存储器高字节使能信号
				$\overline{WRH}$	外部存储器高字节写选通
	80	I/O	P3.13	SCLK0	SSC0：主时钟输出/从机输入的时钟
	81	O	P3.15	CLKOUT	系统时钟输出（CPU 可编程分频器时钟）

续表

符号	引脚	类型	功能		
P4.0～P4.7	85～92	I/O	8位双向 I/O 口每位可编程，实现输入或输出控制		
	85	O	P4.0	A16	段地址线
	86	O	P4.1	A17	段地址线
	87	O	P4.2	A18	段地址线
	88	O	P4.3	A19	段地址线
	89	O	P4.4	A20	段地址线
		I		CAN2_RxD	CAN2：接收数据输入
		I/O		SCL	I^2C 接口：串行时钟
	90	O	P4.5	A21	段地址线
		I		CAN1_RxD	CAN1：接收数据输入
		I		CAN2_RxD	CAN2：接收数据输入
	91	O	P4.6	A22	段地址线
		O		CAN1_TxD	CAN1：发送数据输出
		O		CAN2_TxD	CAN2：发送数据输出
	92	O	P4.7	A23	最显著的段地址线
		O		CAN2_TxD	CAN2：发送数据输出
		I/O		SDA	I^2C 接口：串行数据
$\overline{RD}$	95	O	外部存储器读选通。$\overline{RD}$ 为每个外部指令激活或数据的读取权限		
$\overline{WR}/\overline{WRL}$	96	O	外部存储器写选通。在 $\overline{WR}$ 模式下，该引脚为每个激活外部数据写访问。在 $\overline{WRL}$ 模式下，该引脚为低字节数据激活在一个 16 位总线的写访问，以及为每个数据写上一个 8 位的总线访问。见 WRCFG 在 SYSCON 寄存器中的模式选择		

续表

符号	引脚	类型	功能
就绪/准备	97	I	就绪输入。有效电平是可编程的。当就绪功能启用后,选定的非活动水平在这个引脚,在外部存储器访问,将强制等待状态周期的插入,直到销钉返回到选择有效电平
ALE	98	O	地址锁存使能输出。如果使用外部寻址或复用模式,该信号是地址线的锁存命令
EA/VSTBY	99	I	外部访问使能引脚: 低水平时启用外部存储器高电平时启用内部存储器
P0L.0~P0L.7 P0H.0 P0H.1~P0H.7	100~107 108 111~117	I/O	2个8位双向I/O端口P0L和P0H,每位可编程作为输入或输出 在壳体的外部总线的配置中,端口0作为地址(A)和作为地址/数据(AD)的总线为复用总线模式和作为数据(D)总线为解复用总线模式 **解复用总线模式** | 数据路径宽度 | 8-bit | 16-bit | |---|---|---| | P0L.0~P0L.7 P0H.0~P0H.7 | D0~D7 I/O | D0~D7 D8~D15 | **复用总线模式** | 数据路径宽度 | 8-bit | 16-bit | |---|---|---| | P0L.0~P0L.7 P0H.0~P0H.7 | AD0~AD7 A8~A15 | AD0~AD7 AD8~AD15 |

续表

符号	引脚	类型	功能		
P1L.0～P1L.7 P1H.0～P1H.7	118～125 128～135	I/O	2个8位双向I/O端口P1L和P1H，每位可编程作为输入或输出		
	132	I	P1H.4	CC24IO	CAPCOM2：CC24 捕获输入
	133	I	P1H.5	CC25IO	CAPCOM2：CC25 捕获输入
	134	I	P1H.6	CC26IO	CAPCOM2：CC26 捕获输入
	135	I	P1H.7	CC27IO	CAPCOM2：CC27 捕获输入
XTAL1	138	I	XTAL1 主振荡器放大电路和/或外部时钟输入		
XTAL2	137	O	XTAL2 主振荡器放大电路的输出		
XTAL3	143	I	XTAL3 32kHz 振荡器放大电路的输入		
XTAL4	144	O	XTAL4 32kHz 振荡器放大电路的输出		
RSTIN	140	I	复位输入与CMOS施密特触发器的特性：该引脚为低电平振荡器运行时指定的持续时间重置ST10F276 上电复位只使用连接的电容器内部，上拉电阻允许到VSS。在双向复位模式（通过设置位BDRSTEN启用SYSCON寄存器），则RSTIN线被拉至低电平，内部的持续时间重设序列		
RSTOUT	141	O	内部复位指示输出。在这个引脚被驱动到低电平硬件时，软件或看门狗复位RSTOUT保持为低电平，直到EINIT执行指令（初始化结束）		

续表

符号	引脚	类型	功能
$\overline{\text{NMI}}$	142	I	不可屏蔽中断输入。高向低转变，在这个引脚使 CPU 要跳转到的 NMI 陷阱程序。如果位 PWDCFG='0' SYSCON 寄存器时，在 PWRDN（断电）指令，$\overline{\text{NMI}}$ 引脚必须为低 为了迫使 ST10F276 进入掉电模式，如果 NMI 是高和 PWDCFG='0'，当执行 PWRDN 时，该部分将继续在正常运行模式 如果不使用，NMI 引脚应外部拉高
VAREF	37	—	A/D 转换器的参考电压和模拟电源
VAGND	38	—	A/D 转换器的参考和模拟地
RPD	84	—	定时销从中断掉电模式和同步的回报/异步的复位选择
VDD	17、46、72、82、93、109、126、136	—	正常运行时，空闲和掉电期间数字供电电压为 +5V。当待机 RAM 的模式被选择时，它可以被关闭
VSS	18、45、55、71、83、94、110、127、139	—	数字地
V18	56	—	1.8V 去耦引脚：一个去耦电容（典型值 10nF，最大值 100nF）必须连接该引脚与最近的 VSS 引脚

第三节　传感器控制电路

如图 20-23 所示。

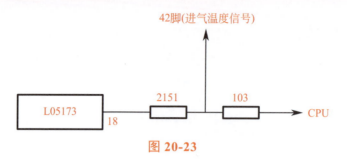

图 20-23

电路 2 进气压力控制电路

如图 20-24 所示。

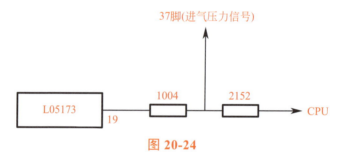

图 20-24

电路 3 冷却液温度传感器控制电路

如图 20-25 所示。

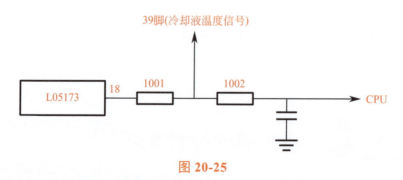

图 20-25

电路 4  节气门位置传感器控制电路

如图 20-26 和图 20-27 所示。

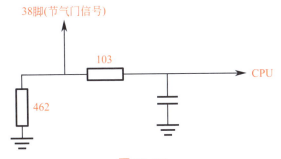

图 20-26

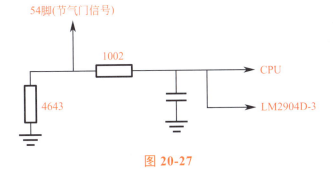

图 20-27

电路 5  加速踏板位置传感器控制电路

如图 20-28 所示。

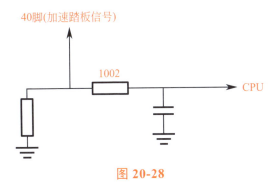

图 20-28

第二十一章

博世 ME17 发动机电脑板

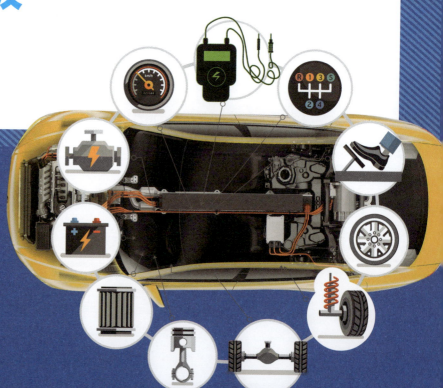

该电脑板用于江淮悦悦、吉利 SUV、长安 CS75、长城哈弗 H2、长城哈弗 H6、长安 V7、荣威名爵等车型。如图 21-1 所示。

(a) 正面

(b) 反面

图 21-1

第一节 端子图、电脑板内部标注与端子定义

1. 端子图（图21-2）

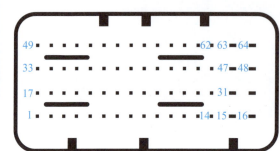

图 21-2

2. 电脑板内部标注（图21-3）

图 21-3

3.端子定义（表21-1）

表 21-1

ECU 端子号	ECU 端子功能名称	ECU 端子号	ECU 端子功能名称
1	CAN 总线 1 高	23	制动开关
2	空	24	空调压缩机中压开关
3	空	25	制动灯开关
4	空	26	空
5	主继电器	27	空
6	离合器开关	28	空调开关
7	电子油门踏板传感器 1 地	29	空
8	空	30	电子油门踏板传感器 2
9	空	31	风扇控制 2
10	空	32	空
11	空	33	空
12	空	34	空
13	KL50 状态	35	点火开关
14	电子负载 1	36	电子油门踏板传感器 2 的 5V 电源
15	UBR 非持续性电源	37	电子油门踏板传感器 1 的 5V 电源
16	UBR 非持续性电源	38	空
17	CAN 总线 1 低	39	空
18	空	40	空
19	空	41	油泵继电器
20	UBR 持续性电源	42	空调压缩机继电器
21	下游氧传感器	43	氧传感器地
22	空	44	空

续表

ECU 端子号	ECU 端子功能名称	ECU 端子号	ECU 端子功能名称
45	电子油门踏板传感器 1	68	喷油嘴 1（第 1 缸）
46	空	69	空
47	空	70	空
48	下游氧传感器加热	71	空
49	空	72	喷油嘴 2（第 3 缸）
50	空	73	上游氧传感器加热
51	空	74	喷油嘴 3（第 4 缸）
52	空	75	节气门执行器（+）
53	空	76	空
54	空	77	节气门位置传感器 1
55	空	78	节气门位置传感器 2
56	风扇控制 1	79	空
57	空	80	氧传感器地
58	启动控制继电器	81	空
59	电子油门踏板传感器 2 地	82	空
60	空	83	空
61	空	84	模拟地
62	空	85	歧管地
63	ECU 地 2	86	节气门地
64	ECU 地 1	87	节气门执行器
65	空	88	空
66	空	89	爆震传感器 B
67	喷油嘴 4（第 2 缸）	90	爆震传感器 A

续表

ECU 端子号	ECU 端子功能名称	ECU 端子号	ECU 端子功能名称
91	进气压力传感器	102	进气温度传感器
92	空	103	空
93	相位传感器	104	上游氧传感器
94	TEV 炭罐阀	105	空
95	Hall 传感器地	106	空
96	发动机转速传感器 A	107	节气门 5V 电源
97	发动机转速传感器 B	108	空
98	+5V 电源 1	109	进气歧管 5V 电源
99	点火线圈驱动 2	110	空
100	点火线圈驱动 1	111	ECU 地 4
101	发动机冷却水传感器	112	ECU 地 3

第二节　芯片的作用

芯片 1　电源芯片

该电源芯片和 M7 电脑板一样，其电路可参考前面 M7 电脑板相关电路。

该电源芯片的常电源电流走势如图 21-4 所示，其受控火线电流走势如图 21-5 所示，主继电器电流走势如图 21-6 所示。

图 21-4

图 21-5

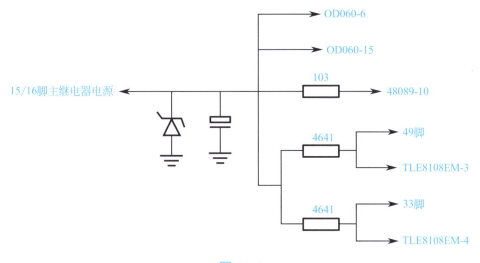

图 21-6

芯片 2 喷油驱动芯片 40211/48089

该驱动芯片主要控制 4 个缸的喷油、启动继电器搭铁、空调压缩机继电器、油泵继电器、低速风扇、高速风扇和氧传感器加热,见图 21-7。

图 21-7

芯片 3 点火驱动芯片

如图 21-8 所示，点火驱动场效应管直接由 HC08 来驱动，而 HC08 又由 HCT00 来控制。ME17 电脑板这个地方没有这 4 个场效应管，而是将这 4 个场效应管集成到点火线圈内部。具体控制电路如图 21-9 所示。

图 21-8

HC08 驱动芯片资料可以参考 ME7 电脑板。

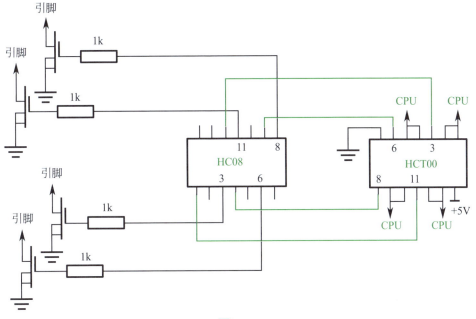

图 21-9

芯片 4 节气门电机驱动芯片 0D060

如图 21-10 所示，该 CPU 主要用于控制节气门电机，通过该芯片 8 脚和 13 脚驱动电机工作。具体控制电路如图 21-11 所示。

图 21-10

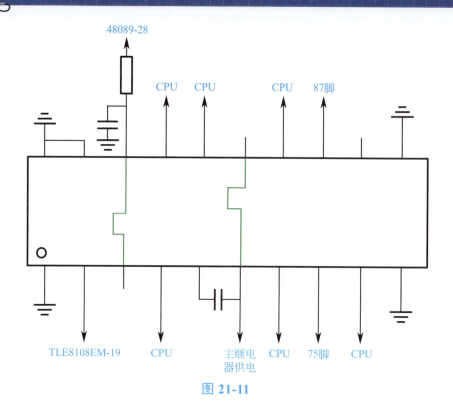

图 21-11

第三节　传感器控制电路

电路 1 冷却液温度控制电路

如图 21-12 所示。

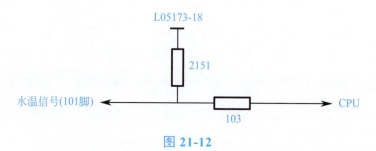

图 21-12

电路 2 进气温度控制电路

如图 21-13 所示。

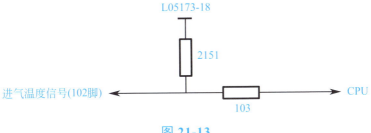

图 21-13

电路 3 进气压力控制电路

如图 21-14 所示。

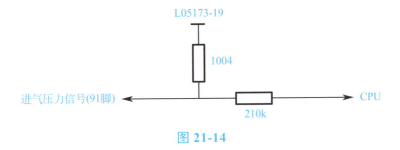

图 21-14

电路 4 凸轮轴信号控制电路

如图 21-15 所示。

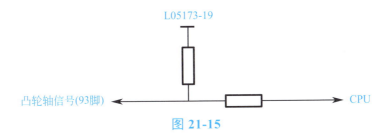

图 21-15

节气门信号控制电路

如图 21-16 所示。

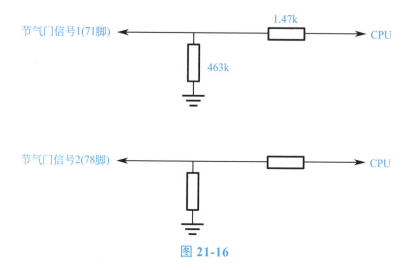

图 21-16

氧传感器控制电路

如图 21-17 所示。

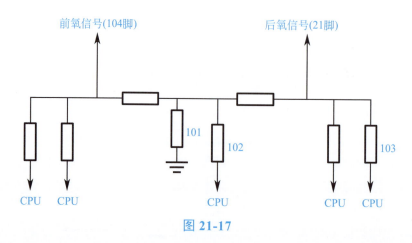

图 21-17

附录一
汽车电脑板常见易损芯片

附表一　汽车电脑板常见易损电源芯片

型号	功能
L05173	汽车电脑板电源芯片
30639	汽车发动机电脑板、欧三电源芯片
30343	全新汽车发动机电脑板电源芯片
30554	奥迪/奔驰汽车车身电脑板电源驱动芯片 ME9.7 ECU 驱动 IC
L9113	马瑞利多点电脑板电源喷油集成块芯片
BTS282Z	汽车 IC 芯片 N 沟道场效应管、别克汽车门灯控制电源开关
BTS611L1	双通道高端电源开关、汽车电脑板芯片
55199	德尔福汽车电脑板电源 IC 芯片、红白插行车电脑板 ECU 电源 IC
30358	M154 汽车电脑板传感器 5V 电源芯片、长安/桑塔纳/夏利汽车 IC
BTS840S2	电源开关驱动、POLO/奇瑞瑞虎电脑板 BCM 右转向灯控制芯片
30604	华泰圣达菲汽车发动机车身电脑板、电源管理控制驱动 IC 芯片
TLE7263E	奔驰转向角易损电源 IC 芯片
L99DZ70XP	汽车电源管理芯片
30682	大众朗逸/迈腾汽车车身发动机电脑板、电源驱动模块 IC 芯片
A2C20219 ATIC17D 1	大众捷达电源
SE715	卡罗拉汽车电脑板电源芯片
30402	赛欧发动机电脑板电源芯片
A2C33648 ATIC17E1	汽车电脑板电源芯片
A2C56211 AI-IC17 F1	西门子汽车电脑板电源芯片
L9132	雪铁龙标致凯旋、马瑞利汽车发动机电脑板，电源管理驱动芯片
TLE4471G /6	德尔福汽车电脑板电源芯片、低压差稳压器、车身电脑板 IC
L9131	汽车发动机电脑板、行车电脑 ECU、马瑞利电源驱动芯片
L9952GXP	大众汽车电脑板电源芯片
40076	博世高压共轨电脑板常用易损电源芯片
40077	博世高压共轨电脑板常用易损电源芯片
30606	标致 307 电源芯片

续表

型号	功能
VND5012AK	电源管理驱动芯片、斯柯达明锐汽车发动机车身电脑板 IC
L9170	汽车电脑板电源芯片
30606	博世、联合电子发动机电脑板 IC 芯片
L9950XP	ST 汽车电脑板电源管理芯片
APIC-S03	日产、新阳光、新君威发动机电脑板电源芯片
30595	汽车电脑板电源芯片
30622	柴油电脑板电源驱动芯片
28032415	德尔福 MT80 电源芯片
30591	汽车电脑板电源芯片
30529	大众迈腾 / 宝马 5V 电源驱动模块芯片
MC33879APEK	汽车电脑板常用易损电源芯片

附表二　汽车电脑板常见易损喷油驱动芯片

型号	功能
MAR9109PD	奇瑞、马瑞利汽车电脑板喷油驱动芯片
ATIC39-B4 A2C08350	捷达、科鲁兹、西门子汽车电脑板喷油驱动芯片
L05172	汽车发动机电脑板 ECU 喷油驱动芯片
30344	博世汽车电脑板喷油驱动 IC 芯片
ATIC39-B3/B4 A2C08350	五菱之光、大众捷达西门子电脑板喷油驱动芯片
30651	大众朗逸 / 迈腾汽车车身发动机电脑板喷油驱动芯片
30614	力帆 620ECU、ME7.4.4 喷油驱动芯片
L9113	马瑞利多点电脑板电源喷油集成块芯片
TPIC46L02	五菱之光、摩托罗拉 465 电脑板喷油器驱动模块芯片
30621	博世、联合电子汽车电脑板喷油驱动芯片
30403	大众 / 奥迪 A6 汽车发动机喷油驱动芯片、博世原装车身电脑板 IC
30381	ME7.5 汽车电脑板、全新捷达喷油驱动芯片
A2C00008350 ATIC39S2B2	汽车发动机电脑板 ECU 喷油驱动芯片

续表

型号	功能
ATM43D-446778	捷达汽车发动机 ECU 电脑板喷油驱动芯片
6A930	ME7.8.8 汽车发动机电脑板喷油驱动芯片
1034SE001 MEC50U01	福特蒙迪欧汽车车身电脑板喷油驱动芯片
30382	ME7.5 汽车发动机电脑板喷油驱动芯片
IRF7626	德尔福二代电脑板、喷油一级驱动芯片贴片八脚
40049	ME17 汽车发动机电脑板、SX4 油泵喷油点火驱动模块 IC 芯片
STA508A	日产风度 A33 汽车发动机电脑板、喷油油泵驱动模块 IC 芯片
IR2248	德尔福喷油模块
ATIC94D1	汽车电脑板喷油驱动芯片
TLE6244X	奔驰汽车 272 发动机电脑板喷油芯片
0D068	汽车电脑板喷油驱动芯片
L9150	马瑞利单点汽车电脑板喷油器驱动芯片
APIC-D09	新款科鲁兹英朗发动机电脑板易损喷油芯片
40055	博世 EDC16 高压共轨电脑板易损喷油芯片
40017	宝马 N20 电脑 3 系 5 系 X5 常用喷油芯片
A2C00052801 ATIC131 B2	宝骏 730、新款捷达喷油驱动芯片
30605	大众新帕萨特博世汽车电脑板喷油驱动 IC 芯片
30566	汽车发动机电脑板喷油驱动芯片
L9131	马瑞利电脑板喷油驱动芯片
L9302-AD	点火喷油驱动模块芯片
L9708	车身电脑板喷油驱动芯片
ATIC94D1 UN94DA	汽车电脑板喷油驱动芯片
APIC-D18	日产汽车电脑板常用易损喷油驱动芯片
30520	博世柴油电脑板喷油控制驱动芯片
TLE6232GP	汽车电脑板易损 IC 喷油驱动芯片
TLE6220GP TLE6220 SOP-20	三菱电脑板喷油驱动芯片

附表三　汽车电脑板常见易损怠速驱动芯片

型号	功能
TLE5205-2	汽车发动机电脑板怠速驱动芯片
30348	大众帕萨特 B5 汽车发动机电脑板节气门电机芯片、怠速驱动芯片
TLE6209R	本田 /B70 汽车电子节气门控制驱动、马自达六怠速驱动芯片
42827	德尔福 MT20 红白插汽车发动机电脑板 ECU 怠速控制模块驱动芯片
L9935	赛欧怠速驱动芯片
MC33186DH 1	马瑞利 POLO 汽车电脑板节气门定位电机驱动器怠速芯片
L9651	博世 M7 小乌龟节气门怠速芯片
STA509A	日产风度 A33 转速怠速电机驱动芯片
U705	五菱西门子汽车电脑板芯片、捷达怠速驱动芯片
L9122	马瑞利单点电脑板怠速驱动控制芯片
TLE4208G	江淮瑞鹰、德尔福汽车发动机电脑板怠速控制模块芯片
L9825	汽车电脑板怠速节气门控制 IC 芯片
TLE7209-2R	汽车电脑板怠速节气门控制 IC 芯片
SC900711CVW	德尔福 MT80 电脑板节气门怠速芯片
SPF5002	三菱发动机电脑板步进怠速电机驱动芯片
SC900661VW	怠速节气门驱动芯片、汽车电脑板芯片
L9929	汽车电脑板怠速驱动芯片
TLE8209-1E	伊兰特悦动发动机电脑板节气门怠速 IC 芯片
TLE4729G	摩托罗拉 465 电脑板怠速驱动控制芯片
16735	别克节气门怠速芯片、德尔福电脑板芯片

附表四　汽车电脑板常见易损点火驱动芯片

型号	功能
R12	马自达 M6/ 马六汽车电脑板点火管驱动二 / 三极管（贴片小 6 脚芯片）
X1	三菱点火管 X1×1 汽车电脑板三菱点火管驱动器（贴片小 6 脚）
07096	博世车身电脑板 M7 小乌龟点火管（贴片三极管）
VB025M SP	马瑞利多点汽车电脑芯片车身电脑板、奇瑞点火管驱动 IC
30397	大众宝来、捷达、高尔夫发动机点火处理器 ME7.5 汽车电脑板点火管
L9302-AD	日产天籁汽车电脑板芯片

续表

型号	功能
V5036S	五菱宏光、西门子汽车电脑板点火管 IC 芯片
30028	博世汽车电脑板点火驱动芯片（贴片三极管）全新联合电子 M797
30057	现代悦动/伊兰特易烧点火驱动管、M798 汽车电脑板点火管芯片
VB325S	马瑞利汽车电脑板、奇瑞/菲亚特点火管驱动
V3040D	博世 M7 小乌龟点火线圈驱动管（贴片三极管）
BUK138-50DL	博世 M7 小乌龟电脑板点火线圈组芯片（贴片三极管）
L9302-AD	日产天籁点火喷油驱动模块芯片
8905504848	奥迪 A4/Q5 发动机点火芯片
D16861GS	日产风度 A33、骐达点火驱动芯片
VB326SP	菲亚特/奇瑞、马瑞利汽车车身电脑板点火管驱动芯片
TH3140	捷达点火芯片
16212886	德尔福点火线圈驱动模块芯片
8201AG NGD8201AG	宝马、现代瑞纳、悦动点火线圈驱动三极管芯片
74022PC	汽车电脑板芯片、福特翼虎点火驱动芯片
V3040S	华晨中华尊驰、西门子汽车电脑板点火管
5503GM	汽车电脑板芯片、福特翼虎点火管
E310A	汽车电脑板芯片、三菱点火模块
5503DM	汽车发动机电脑板点火驱动管
ATIC44-1B	捷达点火芯片
BU941ZP	汽车电脑板芯片点火管
E328	三菱汽车发动机电脑板芯片点火管
30023	汽车电脑板点火线圈驱动三极管 M154 电脑板点火管
30637	大众帕萨特 B5 车身电脑板点火管驱动芯片
TPIC44L01	汽车电脑板点火驱动芯片
40049	ME17 汽车发动机电脑板、天语 SX4 油泵喷油点火驱动模块 IC 芯片
09397822	德尔福 MT20U2 汽车电脑板 CAN 和 K 线通信芯片、点火驱动
30521	奔驰 272/273 发动机电脑板易损常用点火驱动芯片

续表

型号	功能
14CL40	汽车点火管、汽车发动机电脑板场效应三极管
151007	风度点火驱动
30046	博世点火驱动
TLE4226G	汽车电脑板点火驱动芯片
30054	宝马汽车电脑板芯片、博世 ZIP 点火驱动
B58290	Motronic3.8.2 M 154 汽车电脑板点火电路芯片、低侧开关芯片
GB10NB37LZ	力帆汽车发动机电脑板 IGBT 点火驱动芯片
30586	大众新速腾、迈腾、高尔夫、帕萨特 MED17.5.2 点火芯片
HC08	新款奔腾 B30 点火驱动芯片
TA8428K TA8428 ZIP-7	马自达点火控制器芯片
G18N40BG	汽车电脑板点火 IC 三极管芯片
VF 5 脚	奥迪 A6、Q7 电脑板点火芯片
D16861GS	日产风度 A33 点火驱动芯片
TH3140.3	捷达点火芯片
07096	汽车电脑板 M7 小乌龟点火管驱动贴片三极管易损维修芯片
30021	东风悦达、起亚千里马易烧点火驱动管
VB325SP	奇瑞 QQ/菲亚特马瑞利发动机电脑板点火管芯片
259	奥迪点火锁易损二/三极管遥控距离近通病故障芯片 6 脚

附表五　汽车电脑板常见易损转速芯片

型号	功能
D151821-0571	全新转速处理芯片
30311	博世转速处理芯片
30380	大众帕萨特、宝来行车电脑板 ME7.5、ME797 电脑板转速处理芯片
30309	汽车电脑板转速处理芯片
30356	联电 M3.8.2 电脑板、转速信号、凸轮轴信号处理芯片
ATM46C3 966781	西门子电脑板易损常用转速处理芯片
STA509A	日产风度 A33 转速急速电动机驱动

续表

型号	功能
M1924FP	三菱变速箱转速脉冲信号处理芯片
CS289GN14	汽车仪表转速表驱动易损芯片

附表六　汽车电脑板常见易损存储器

93C46/56/66/76/86
35080、35160 宝马汽车调表 IC
95010/020/040/080/160/320/640/128
24C01/02/04/08/16/32/64
25010/020/040/080/160/320/640/128
AM29F400BB-70SE
AM29F200
AM29F200BB-70SE
AM29F200BB-90SE
AM29F400BB-55SEO
AM29F200BB-55SE
AM29F800

附表七　汽车电脑板常见其他易损芯片

型号	功能
L9950	速腾摇窗机驱动芯片
30620	博世、联合电子汽车电脑板 ME9.7 驱动芯片
TLE6230GP	高尔夫电动门窗模块前置驱动
B58655	节气门驱动芯片
VNQ660SP	东风标致 BSI 车用芯片
M355A	三菱变速箱驱动芯片
SPF5002A	汽车电脑板驱动芯片
BTS7740G	电桥驱动器内部开关
BTS5589G	科鲁兹汽车 BCM 车身电脑板控制模块芯片
MEGAMOS-RES	帕萨特/高端汽车电脑仪表通信芯片

续表

型号	功能
BAT54	科鲁兹BCM车身电脑板控制模块场效应二极管TAW（L4W）BAT54芯片
VND5E050AK	大众途观、斯柯达明锐/昊锐BCM汽车电脑板转向灯控制芯片
VO	三菱汽车电脑板东南富利卡发动机电脑控制油泵三极管
RJJ0606	一汽奔腾/马自达M6车身电脑控制模块BCM转向灯驱动常亮
2SJ601	奔腾/马自达M6车身控制模块驱动场效应三极管BCM转向灯常亮
GA	汽车电脑板芯片二/三极管
SM8A27	汽车瞬态电压抑制器博世M797汽车电脑板维修芯片
VND5E050M K	速腾、途观、斯柯达明锐/昊锐BCM汽车电脑板转向灯控制芯片
DA	汽车电脑板芯片行车电脑用贴片二/三极管
Q9945A	MOS场效应管、摩托罗拉、MT20U发动机车身电脑板贴片IC芯片
M7	整流贴片二极管
U6815BM	大众帕萨特空调面板芯片
A82C250	捷达ABS泵通信芯片
811600-4623	本田汽车电脑板变速箱闸挡驱动芯片
7575B	汽车电脑板芯片、汽车音响功放芯片ST贴片铁顶36脚
BSP373	福特嘉年华汽车空调面板维修芯片场效应三极管
B58944	博世汽车电脑板车身电脑驱动芯片IC
TLE6288R	汽车发动机车身电脑板ECU IC芯片
09397822	德尔福MT22汽车电脑板CNA和K线通信芯片
TLE6230GP	高尔夫电动门窗模块前置驱动
30460	发动机电脑板ECU芯片
16700	德尔福MT20汽车电脑板氧传感器信号处理模块PLCC20脚
ATM39B-556757	汽车电脑板
30333	帕萨特汽车电脑板变速箱电脑板芯片
FOS8104-2440	汽车音响光纤控制芯片
MPC562M ZP56	汽车电脑板芯片
TDA7384	汽车音响功放芯片ST插件25脚ZIP25
16132083	德尔福冷却风扇控制模块

附录一　汽车电脑板常见易损芯片

241

续表

型号	功能
APIC-D06	汽车发动机电脑板行车
HF9921	蓝鸟汽车电脑板电子扇控制芯片
B58605	汽车电脑板芯片行车电脑板 ECU 芯片
VND5050AK	大众等汽车 BCM 电脑板芯片贴片铁底 24 脚
2114	本田雅阁 2.4 后氧传感器加热芯片贴片小 8 脚
VNQ830E	大众汽车 BCM 电脑板芯片
TDA7388	汽车音响功放芯片
45153	德尔福电脑板传感器输入放大模块全新贴片 SOP16 脚
BTS5481SF	日产汽车 BCM 大灯控制芯片
990-9413.1B	奔驰 C 级 ABS 泵电脑板易损芯片
N13YN	高尔夫 6、斯柯达等大众车系车身电脑板大灯常亮易损芯片
L9143	奥迪 A6 仪表易损芯片
TMS320DRA342AZDK	A5 奥迪主机 J794 易损芯片
50S	汽车电脑板易损芯片
L9848	斯柯达明锐 BCM 电脑板常用易损芯片
ATIC64 C1	IX35 起亚 K5 现代智能盒无智能易损芯片
VPSA132A	大众途安仪表显示屏通病易损芯片
L9733	汽车车身 BCM 电脑板常用易损芯片
MCZ33689DEW	汽车电脑板易损芯片
ATAR080E	大众途安/斯柯达仪表易损芯片
ATIC61D3 ATA6841P	宝马 N52 汽车电脑电子气门易损驱动芯片
VND810	宝马空调面板易损芯片
AC022	雅阁空调面板电脑板易损芯片
BUK9E06-55A	POLO 汽车助力泵常用易损芯片

附录二

汽车电脑板仪表数据手工算法

一、2018年标致408仪表数据手工算法

见附图1。

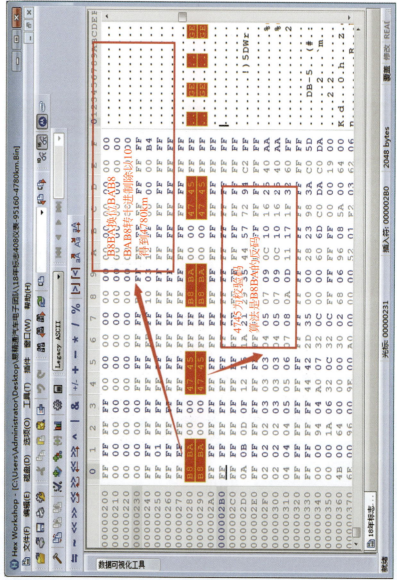

附图1

二、2016年别克凯越仪表数据手工算法

见附图 2。

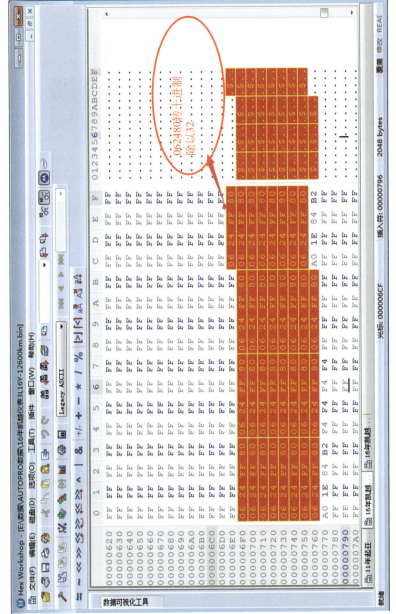

附图 2

三、五菱荣光仪表数据手工算法

见附图3。

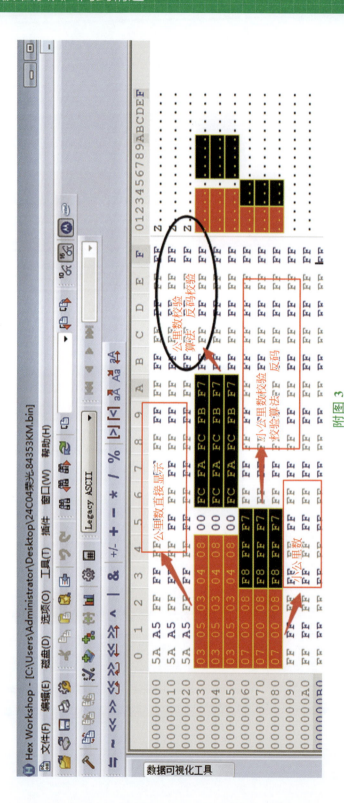

附图 3

四、五菱之光仪表数据手工算法

见附图 4。

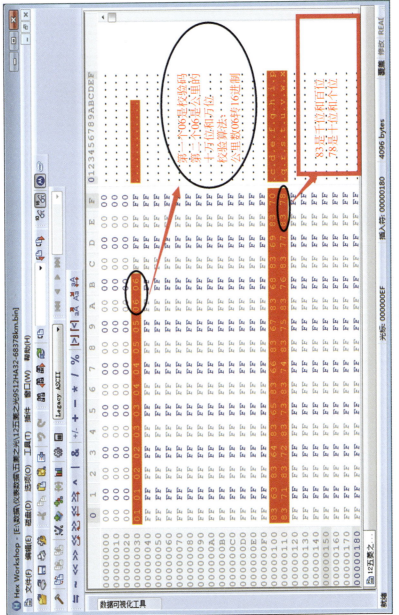

附图 4

五、2011年乐风仪表数据手工算法

见附图5。

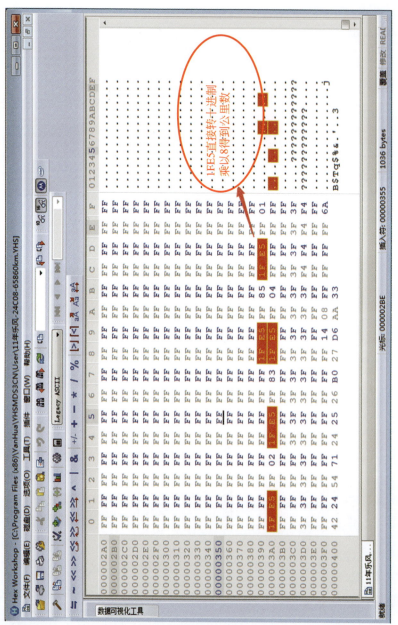

附图5

六、长安欧诺仪表数据手工算法

见附图6。

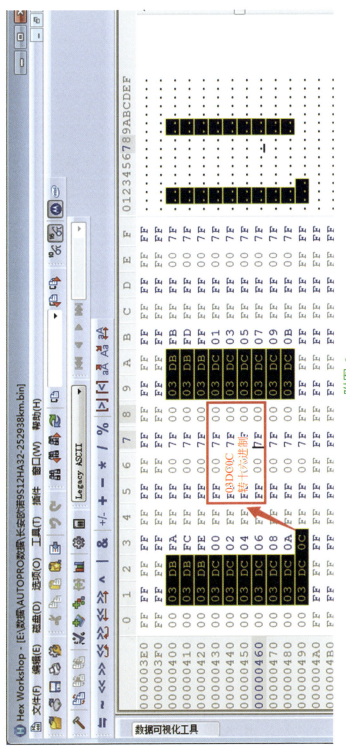

附图 6

七、众泰M300仪表数据手工算法

见附图7。

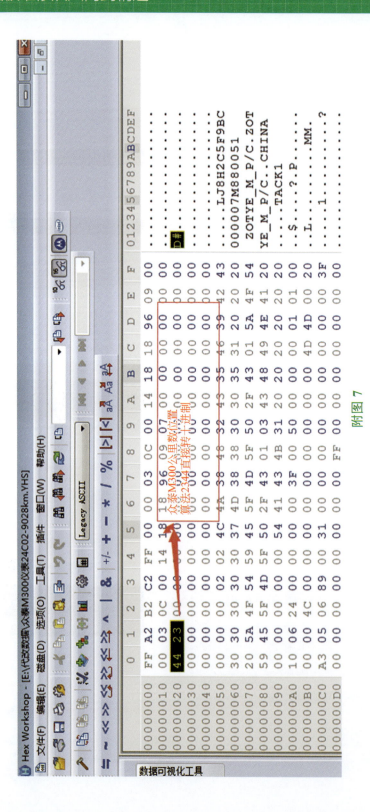

附图7

八、长安 24C02 仪表数据手工算法

见附图 8。

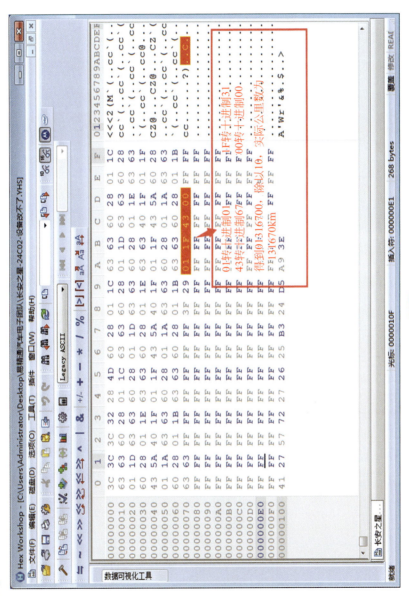

附图 8

附录三

汽车电脑板防盗数据剖析

附录三 汽车电脑板防盗数据剖析

一、德尔福防盗数据剖析

见附图 9。

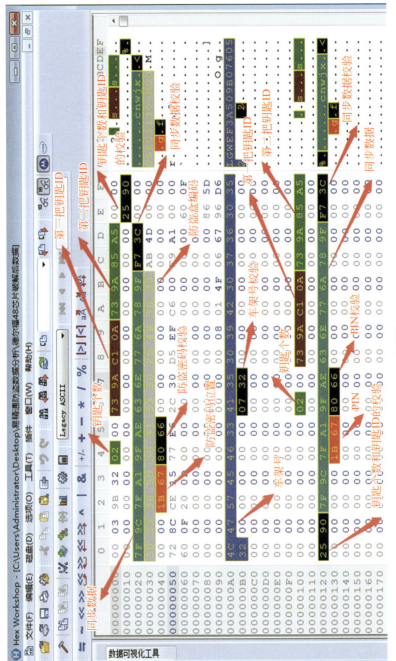

附图 9

二、奇瑞 QQ 防盗数据剖析

见附图 10。

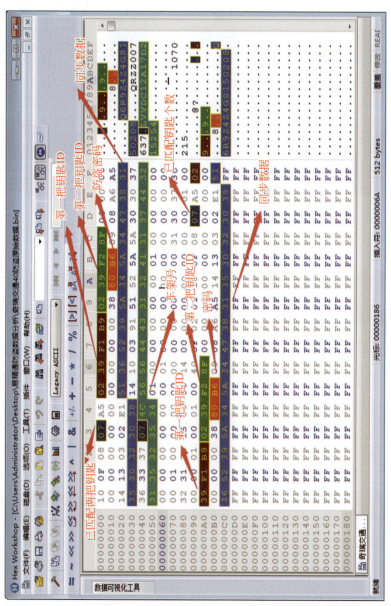

附图 10

三、交通46芯片防盗数据剖析

见附图11。

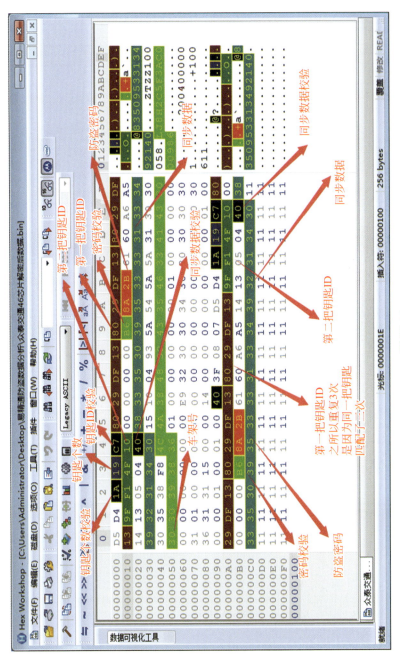

附图11

四、联创 46 防盗芯片数据剖析

见附图 12。

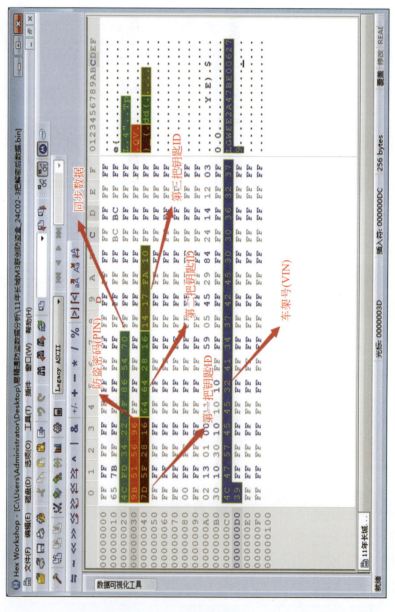

附图 12